READER'S DELIGHT

डॉ. भीमराव अम्बेडकर
की जीवनी

READER'S DELIGHT
AN IMPRINT OF RAMESH PUBLISHING HOUSE
NEW DELHI

Published by: Alok Kumar Gupta for Reader's Delight
(An Imprint of Ramesh Publishing House)

प्रशासनिक कार्यालयः
12-H, न्यू दरियागंज रोड, ऑफिसर्स मेस के सामने,
नई दिल्ली-110002 ✆ 23261567, 23275224, 23275124
ई-मेल : info@rameshpublishinghouse.com
वेबसाइट : www.rameshpublishinghouse.com

विक्रय केन्द्रः
- बालाजी मार्किट, नई दिल्ली-6 ✆ 23253720, 23282525
- 4457, नई सड़क, दिल्ली-6, ✆ 23918938

© सर्वाधिकार प्रकाशकाधीन हैं।

इस पुस्तक में प्रयुक्त समस्त सामग्री के सभी व्यावसायिक अधिकार प्रकाशक के पास सुरक्षित हैं अतः इस पुस्तक या इसके किसी भी अंश का पुनर्मुद्रण या व्यावसायिक पुनर्प्रस्तुतीकरण अवैधानिक माना जायेगा।

क्षतिपूर्ति : यह पुस्तक इस विशेष शर्त के साथ विक्रय/वितरित की जा रही है कि न तो लेखक और न ही प्रकाशक व्यक्तिगत अथवा सामूहिक रूप से पुस्तक के ग्राहक/उपभोक्ता/धारक को किसी भी कारण से, किसी भी परिस्थिति में पुस्तक के विक्रय-मूल्य से अधिक की क्षतिपूर्ति के लिए उत्तरदायी होंगे। यदि आप इस शर्त से सहमत न हों तो कृपया पुस्तक को न खरीदें/स्वीकार करें/रखें।

अस्वीकरण : इस पुस्तक में मुद्रित संख्याएँ एवं आँकड़े केवल सूचनार्थ हैं और अधिकारिक रूप से उद्धृत नहीं किये जाने चाहिएँ।

Book Code: A-87

ISBN: 978-93-5012-268-6

डॉ. भीमराव अम्बेडकर

परिचय

डॉ. भीमराव अम्बेडकर का जन्म मध्य प्रदेश के महू नामक स्थान पर 14 अप्रैल, 1891 को हुआ था। उनके पिता का नाम रामजी सकपाल तथा माता का नाम भीमाबाई था। भीमराव अपने माता-पिता की 14वीं संतान थे। उनके पिता रामजी सकपाल महू में सेना कार्यालय में सूबेदार थे। उनका परिवार मराठी था, वह हिंदु महार (दलित) जाति से संबंध रखते थे, जो अछूत समझे जाते थे। उनके साथ सामाजिक और आर्थिक रूप से गहरा भेदभाव किया जाता था। बालक भीमराव बाल्यकाल से ही कुशाग्र-बुद्धि थे तथा अध्ययन में बहुत रुचि रखते थे।

1894 में रामजी सकपाल सेवानिवृत्त हो जाने के बाद सपरिवार सतारा चले गए और इसके दो वर्ष बाद, भीमराव की माता की मृत्यु हो गयी। भीमराव की प्राथमिक शिक्षा सतारा में हुई। अपने शिक्षा काल में उन्होंने कई कठिनाइयों का सामना किया। किन्तु निर्भीक तथा आत्मबल के स्वामी भीमराव अपनी धुन के पक्के थे। वे विचलित नहीं हुए और निरंतर शिक्षा के क्षेत्र में अग्रसर होते गए। उन्हें अपने गुरु का पूर्ण सहयोग व मार्गदर्शन मिला। 1905 में उनका विवाह 14 वर्ष की छोटी आयु में रमाबाई से हुआ।

उन्होंने 1907 में बंबई के एलफिन्स्टन स्कूल से मैट्रिक की परीक्षा उतीर्ण की। अपने सभी भाइयों और बहनों में केवल भीमराव ही स्कूल की परीक्षा में सफल हुए और इसके बाद हाई-स्कूल में जाने में सफल रहे। 1912 में उन्होंने बंबई विश्वविद्यालय से स्नातक परीक्षा पास की।

अपने एक प्रिय शिक्षक महादेव अम्बेडकर, जो उनसे विशेष स्नेह रखते थे, के कहने पर भीमराव ने अपने नाम से 'सकपाल' हटाकर 'अंबेडकर' जोड़ लिया जो कि उनके गाँव के नाम 'अम्बावाड़े' पर आधारित था।

भीमराव ने बी.ए. के बाद एम.ए. के अध्ययन हेतु अमेरिका के कोलंबिया विश्वविद्यालय में प्रवेश लिया। 1915 में उन्होंने वहाँ से स्नातकोत्तर परीक्षा पास की। 1916 में उन्होंने कोलंबिया विश्वविद्यालय से ही पीएच.डी. की उपाधि प्राप्त की।

उन्होंने मूक, अशिक्षित और निर्धन लोगों को जागरूक बनाने के लिए 'मूकनायक', 'समता' और 'बहिष्कृत भारत' साप्ताहिक पत्रिकायें भी संपादित कीं और अपनी अधूरी पढ़ाई पूरी करने के लिए वे लंदन और जर्मनी गए। वहाँ उन्होंने लंदन स्कूल ऑफ इकोनामिक्स एण्ड पोलिटिकल साइंस में एम.एससी. और डी.एससी. और विधि संस्थान के बार-एट-लॉ की उपाधि हेतु अध्ययन किया और बैरिस्टर की उपाधि प्राप्त की।

भारत आकर भीमराव ने अपना प्रारंभिक जीवन एक अध्यापक और वकील के रूप में शुरू किया। इसके साथ-साथ उन्होंने विभिन्न क्षेत्रों में डॉक्टरेट की उपाधियाँ प्राप्त की। उनके कानून, अर्थशास्त्र और राजनीतिक शास्त्र पर अनुसंधान के कारण उन्हें 'विद्वान' की पदवी दी गयी।

बाद में उनका पूरा जीवन दलितों की राजनीतिक और सामाजिक आजादी और भारत को एक स्वतंत्र राष्ट्र बनाने की लड़ाई में लग गया।

वे भारतीय स्वतंत्रता संग्राम के कई अभियानों में शामिल हुए और उन्होंने कई लेख भी प्रकाशित किये जो बहुत प्रभावशाली साबित हुए।

भीमराव अम्बेडकर को आम तौर पर बाबासाहेब के नाम से जाना जाता है, वे एक भारतीय न्यायशास्त्री, अर्थशास्त्री, राजनेता और समाज सुधारक थे जिन्होंने आधुनिक बुद्धिस्ट आंदोलनों को प्रेरित किया और सामाजिक भेदभाव के विरुद्ध दलितों के साथ अभियान चलाया एवं स्त्रियों और मजदूरों के हक के लिए लड़े। वे स्वतंत्र भारत के पहले विधि मंत्री थे और साथ ही भारत के संविधान निर्माता भी थे। उन्होंने समता, समानता, बन्धुत्व एवं मानवता आधारित भारतीय संविधान को 2 वर्ष 11 महीने और 17 दिन के कठिन परिश्रम से तैयार कर 26 नवम्बर, 1949 को तत्कालीन राष्ट्रपति डॉ. राजेन्द्र प्रसाद को सौंप दिया।

उन्होंने वर्ष 1951 में महिला सशक्तिकरण का हिन्दू संहिता विधेयक पारित करवाने का प्रयास किया और उसके पारित न होने पर स्वतंत्र भारत के प्रथम विधि मंत्री के पद से त्यागपत्र दे दिया।

जून से अक्टूबर 1954 के बीच राजनीतिक मुद्दों से परेशान अम्बेडकर का स्वास्थ्य बहुत बिगड़ गया। 1955 के दौरान लगातार काम ने उन्हें तोड़कर रख दिया। 1956 में उन्होंने धर्म परिवर्तन करके बौद्ध धर्म को स्वीकारा। अंतिम पांडुलिपि 'बुद्ध और उनके धम्म' को पूरा करने के तीन दिन बाद 6 दिसम्बर, 1956 को उन्होंने अंतिम सांस ली।

1990 में, मरणोपरांत, भीमराव अम्बेडकर को भारत के सर्वोच्च सम्मान 'भारत रत्न' से सम्मानित किया गया।

❑❑❑

डॉ. भीमराव अम्बेडकर
बचपन एवं प्रारंभिक शिक्षा

डॉ. भीमराव अम्बेडकर का जन्म मध्यप्रदेश के इंदौर जिले के महू में 14 अप्रैल, 1891 को हुआ था। उनके पिता, रामजी सकपाल सेना में एक सूबेदार थे। उनके दादा, मालोजी भी सैन्य सेवा में थे। उनके पिता को 1891 में सैन्य सेवा से पचास रुपये प्रति माह पेंशन सहित सेवानिवृत्ति मिली और उन्होंने महू छोड़ दिया। भीमराव के पिता की चौदह सन्तानें थीं और भीमराव उनमें सबसे छोटे थे। भीमाबाई भीमराव की माता थीं, जिनकी मृत्यु 1896 में हो गई। उनकी बुआ मीराबाई ने उनकी देखभाल की।

उनके पिता रामजी सकपाल महात्मा फुले व सूफी सन्त कबीर के प्रशंसक थे। वह बहुत ही परिश्रमी एवं धार्मिक वृत्ति के व्यक्ति थे। सुबह-शाम ईश्वर की आराधना किया करते थे। भक्ति-गीतों में उनकी बड़ी रुचि थी। रामजी अपने सभी बच्चों के समक्ष रामायण एवं महाभारत का पाठ किया करते थे। वे मराठी सन्तों जैसे मोरोपन्त, मुक्तेश्वर और तुकाराम के भजन भी सुनाया करते थे। सभी बच्चे इन बातों से प्रोत्साहित होते थे। महू छावनी में, उनका समस्त परिवार सैनिक क्वार्टर में रहता था। नियमानुसार उन्हें निश्चित समय पर रोशनी बुझानी पड़ती थी; पर वह रात को अन्धेरे में धीमे-धीमे स्वर में सन्तों के भजन और कबीर के दोहे गाते रहते थे।

सूबेदार रामजी सकपाल पच्चीस वर्ष नौकरी करने के पश्चात् सन् 1894 में सेना से सेवानिवृत्त हुए। उस समय भीमराव मुश्किल से दो वर्ष के रहे होंगे। वे परिवार के सदस्यों को लेकर अम्बावाड़े गाँव के पास डापोली आए। रामजी डापोली में अधिक दिनों तक नहीं रह पाए। वहाँ उन्हें केवल पचास रुपए मासिक पेन्शन मिलती थी जो पारिवारिक खर्च के लिए पर्याप्त नहीं थी। अतः सन् 1896 में वे डापोली से सतारा आए जहाँ उन्हें पी.डब्ल्यू.डी. के दफ्तर में स्टोरकीपर का काम मिल गया; लेकिन शीघ्र ही रामजी सूबेदार की बदली सतारा से गोरेगांव हो गई और वे अकेले वहाँ चले गए। उधर भीमाबाई भी बीमार पड़ गईं। उनकी हालत बहुत ही खराब हो गई। रामजी को वहाँ वापिस बुलाया गया परन्तु दो-चार दिन पश्चात् भीमाबाई का देहान्त हो गया। उनकी मृत्यु से सारा परिवार अनाथ-सा हो गया। उस समय भीमराव लगभग छह वर्ष के थे। रामजी की चौदह सन्तानों में से केवल पाँच जीवित थे। बलराम उनके बड़े भाई थे। आनन्दराव उनसे छोटे, मंजुला और तुलसी दो बहनें थीं। भीमराव सबसे छोटे थे। बलराम विवाहित थे और नौकरी के कारण पिता से दूर रहते थे। मंजुला और तुलसी के विवाह भी हो चुके थे। रामजी की अपंग बहन मीराबाई परिवार की देखभाल करती थी।

रामजी भीमराव को खूब पढ़ाना-लिखाना चाहते थे, पर भीम के लिए शिक्षा के द्वार बन्द थे। उनके घर के पास के सभी सवर्ण हिन्दुओं के बच्चे स्कूल जाया करते थे। उन्हें देखकर भीम कई बार पिता से हठ करते थे कि वे भी किसी स्कूल में दाखिल होना चाहते हैं, पर यह काम कठिन था। वह उसे घर में ही पढ़ाया करते थे। जब वह डापोली से सतारा आए तो उन्होंने भीम को किसी स्कूल में दाखिल करवाना चाहा। लेकिन अछूत होने के कारण, दाखिला सरल नहीं था। मजबूर होकर

रामजी एक सैनिक अधिकारी के पास गए और यह प्रार्थना की कि उन्होंने जीवनभर सरकार की सेवा की है, यदि उनके बच्चों को कहीं दाखिला नहीं मिला तो बड़ा अन्याय होगा। अंततः भीम को कैम्प स्कूल में प्रवेश मिल गया। स्कूल में भीम के साथ आनन्दराव भी पढ़ने जाने लगा।

माँ भीमाबाई की मृत्यु के पश्चात्, उनका परिवार अनाथ-सा हो गया था। रामजी की बहन मीराबाई अपंग थी। वह सारे काम-काज की देखभाल नहीं कर पाती थी। आखिर रामजी ने जीजाबाई नाम की एक विधवा स्त्री से पुनर्विवाह कर लिया। किंतु भीमराव उसे अपनी सौतेली माँ के रूप में स्वीकार नहीं कर पाये। कभी-कभी वे अपनी सौतेली माँ से झगड़ पड़ते थे और फिर भीमाबाई को याद करके रोने लगते थे। वैसे भीमराव होशियार थे, पर घर की स्थिति के कारण, उनकी पढ़ने-लिखने में अधिक रुचि नहीं थी। स्कूल में जो कुछ पढ़ाया जाता था, वे उसे ही पढ़ते थे। बाकी सारा समय खेल-कूद में बिताया करते थे। स्कूल से आते ही वे अपना बस्ता घर में फेंक देते और पड़ोस के बच्चों में खेलने चले जाते। तब लगता था भीम शिक्षा के क्षेत्र में कोई विशेष प्रगति नहीं कर पाएंगे, हालांकि यह धारणा आगे चलकर पूर्णतः मिथ्या सिद्ध हुई।

❏ ❏ ❏

प्रस्तावना

डॉ. भीमराव अम्बेडकर भारत के एक महानतम विधिवेत्ता, विद्वान, राजनीतिज्ञ और बौद्ध पुनरुत्थानवादी थे। वे भारत के संविधान के मुख्य निर्माता थे। उन्होंने भारतीय संविधान के निर्माण में एक महान भूमिका निभाई थी। वे भारत के प्रथम विधि मंत्री भी थे।

डॉ. अम्बेडकर को भारत में दलितों एवं पिछड़े वर्ग के लोगों का 'मसीहा' माना जाता है। उन्होंने अपना संपूर्ण जीवन सामाजिक भेदभाव और छुआछूत के खिलाफ संघर्ष में बिताया। यद्यपि वे उस समय अछूत मानी जाने वाली महार जाति के एक गरीब परिवार से संबंधित थे, फिर भी वे उच्चतम शिक्षा प्राप्त करने और राजनीतिक ऊँचाइयों को छूने में सफल रहे। उन्हें, मरणोपरांत 1990 में, भारत के सर्वोच्च नागरिक पुरस्कार 'भारत रत्न' से सम्मानित किया गया।

पुस्तक इन बातों का रोचक वर्णन है कि कैसे एक निम्न वर्ग और गरीब परिवार का एक औसत बालक सामाजिक भेदभाव के खिलाफ संघर्ष करके दलितों और पिछड़े वर्ग का मसीहा बन गया। पुस्तक उनके व्यक्तित्व और जीवन-चरित्र पर भी पर्याप्त प्रकाश डालती है। हमें आशा है कि पुस्तक पाठकों में उनके प्रति जिज्ञासा और रुचि जागृत करने में सफल होगी।

—प्रकाशक

अनुक्रमणिका

- परिचय ...5
- बचपन एवं प्रारम्भिक शिक्षा ...8
- विवाह ...11
- उच्च शिक्षा ...14
- अस्पृश्यों के नायक ...17
- दलितों के हितैषी ...22
- पूना पैक्ट ...25
- कुछ मुख्य घटनाएँ ...30
- आजादी एवं विभाजन ...35
- संविधान के निर्माता ...37
- सरकार से विवाद ...41
- धर्म-परिवर्तन ...46
- शांतिपूर्ण मृत्यु ...48
- भाषणों के अंश ...50
- अनमोल वचन ...53
- जीवन एवं कार्य—एक नजर में ...55

विवाह

समय के साथ अब ऐसी स्थिति आ चुकी थी जब रामजी स्वयं को भीमराव और आनन्दराव की पढ़ाई आगे चलाने में असमर्थ अनुभव कर रहे थे। 50 रुपए की मासिक पेन्शन बहुत कम थी। आखिर आनन्दराव की पढ़ाई बन्द करवानी पड़ी और उसको जी.आई.पी. की वर्कशाप में नौकरी पर लगवा दिया गया। इससे घर की आर्थिक स्थिति में कुछ सुधार हुआ। थोड़े दिनों में आनन्दराव का विवाह भी कर दिया गया। अब रामजी को भीमराव के विवाह की चिन्ता हुई। वे भीमराव के लिए भी कोई योग्य कन्या ढूँढने लगे।

भीमराव अम्बेडकर एवं रमाबाई

उन्होंने डापोली के स्वर्गीय भिकु बलांगकर की अनाथ कन्या रामीबाई को पसन्द किया। उस समय रामीबाई 9 वर्ष की थी और भीमराव 14 वर्ष के। रामीबाई सुन्दर और शान्त स्वभाव की लड़की थी। उसकी दो बहनें और एक छोटा भाई था। ये सभी बच्चे बम्बई में अपने मामा तथा चाचा के पास रहते थे। शीघ्र ही एक दिन भीमराव तथा रामीबाई का विवाह हो गया। अब रामीबाई का नाम रमाबाई रख दिया गया। विवाह के पश्चात् भी भीमराव ने अपनी पढ़ाई जारी रखी।

अनपढ़ होने पर भी रमाबाई की समझ अच्छी थी। वह स्वभाव से सरल, सीधी-सादी और कर्त्तव्यपरायण स्त्री थी। रमाबाई की तीन सन्तानें हुईं—यशवन्त, रमेश और गंगाधर। रमेश और गंगाधर की बचपन में ही मृत्यु हो गई। आगे चलकर दो सन्तानें और पैदा हुईं, इन्दु और राजरत्न; लेकिन दुर्भाग्यवश उन दोनों की भी बचपन में ही मृत्यु हो गई। अंततः उनकी एकमात्र सन्तान यशवन्तराव ही जीवित बचे थे।

रमाबाई धार्मिक स्वभाव वाली पूर्णतः पतिपरायण स्त्री थी। वह डॉ. अम्बेडकर के खाने-पीने और आराम का पूरा-पूरा ध्यान रखती थीं। एक बार रमाबाई ने उनसे पंढरपुर जाने की अभिलाषा प्रकट की। पंढरपुर महाराष्ट्र में एक बहुत बड़ा तीर्थ-स्थान है जिसका सम्बन्ध भागवत सम्प्रदाय से है। डॉ. अम्बेडकर को इन बातों में कोई रुचि नहीं थी। उन्होंने रमाबाई को समझाया कि जिस मन्दिर में छुआछूत होती हो, वहाँ जाने से क्या लाभ और ऐसे देवता के दर्शन भी क्या करने जो अपने भक्तों में परस्पर भेदभाव को सहन करता हो। हमें तो अपने दीनहीन दलितों की ही निःस्वार्थ सेवा करनी चाहिए। रमाबाई की समझ में बात आ गई और उन्होंने पंढरपुर जाने की इच्छा त्याग दी।

जून 1934 में डॉ. अम्बेडकर बम्बई के सरकारी लॉ कॉलेज में प्रोफेसर हुए और साल भर बाद ही उस कॉलेज के प्रिन्सिपल नियुक्त हुए। कुछ धनार्जन करने के पश्चात् उन्होंने बम्बई की दादर कालोनी में 'राजगृह' नाम का विशाल भवन बनवाया और उसमें सपरिवार रहने लगे; लेकिन रमाबाई का स्वास्थ्य ठीक नहीं चल रहा था। वह बीमारी की हालत में भी डॉ. अम्बेडकर के आराम का पूरा-पूरा ध्यान रखती थीं। 27 मई, 1935 को रमाबाई का देहान्त हो गया। डॉ. अम्बेडकर को एक ओर 'राजगृह' में प्रवेश की खुशी थी तो दूसरी ओर उन्हें पत्नी-वियोग का दुःख सहना पड़ा। इसके पश्चात् वे सन् 1947 तक अकेले ही रहे।

1947 में डॉ. अम्बेडकर बम्बई से दिल्ली अकेले ही आए थे। उनकी पहली पत्नी रमाबाई का देहान्त सन् 1935 में ही हो चुका था और पुत्र यशवन्तराव बम्बई में ही रहता था। यहाँ आने के बाद उनके पैरों का दर्द बढ़ता जा रहा था। उनकी अदम्य कार्यक्षमता को चोट पहुँचाने वाली निरन्तर रुग्णता की स्थिति बन गई। निरन्तर रोग-प्रस्तता ने उन्हें अक्षम बना दिया गया। वे अच्छी तरह चल-फिर नहीं सकते थे। उनका स्वास्थ्य भी रुग्णता से गिरने लगा था।

जब वे डॉ. मालवंकर के बम्बई क्लीनिक में अपना इलाज करवाने के लिए एक सप्ताह ठहरे तब वहाँ उनकी मुलाकात डॉ. शारदा कबीर से हुई। वह वहीं क्लीनिक में काम करती थीं। उसकी आयु लगभग चालीस वर्ष की थी। वही एक सप्ताह तक डॉ. अम्बेडकर की सेवा में रहीं।

भीमराव अम्बेडकर एवं डॉ. शारदा

15 अप्रैल, 1948 को डॉ. अम्बेडकर ने दिल्ली में डॉ. शारदा कबीर से विवाह कर लिया। शायद वे अस्पताल की बजाय घर में ही अपनी देखभाल करवाना चाहते थे। अब डॉ. शारदा कबीर का नाम बदलकर डॉ. सविता हो गया था।

अपने बिगड़ते हुए स्वास्थ्य की स्थिति में भी, डॉ. अम्बेडकर अपनी कुछ पुस्तकों को अन्तिम रूप देने में व्यस्त थे। ये पुस्तकें थीं–'द बुद्ध एण्ड कार्ल कार्क्स', 'रिवॉल्यूशन एण्ड काउण्टर रिवॉल्यूशन इन इण्डिया', 'द रिडिल्स ऑफ हिन्दुइज्म', 'द केस ऑफ द अनटचेबिल्स', 'रिवॉल्यूशन इन एनशिएण्ट इण्डिया' और 'द बुद्ध एण्ड हिज धम्म'।

❑ ❑ ❑

उच्च शिक्षा

अपने पिता की प्रेरणा एवं उत्साह के साथ, भीमराव ने बम्बई के एल्फिन्स्टन कॉलेज में प्रवेश ले लिया। किसी अछूत विद्यार्थी के लिए महाविद्यालय में पढ़ना एक नयी दुनिया का अनुभव था। उच्च शिक्षा प्राप्ति का यह अद्वितीय अवसर था। किंतु इधर भीमराव ने इण्टर की परीक्षा पास की, उधर राम जी आर्थिक दृष्टि से बिल्कुल अपंग हो गए, हालांकि अपने पुत्र की सफलता पर वह अत्यधिक प्रसन्न थे। ऐसी स्थिति में श्री केलुस्कर ने उनकी सहायता की। वह भीमराव को लेकर बड़ौदा के शिक्षा-प्रेमी महाराजा सयाजीराव गायकवाड़ की सेवा में उपस्थित हुए। महाराजा उस समय बम्बई आए हुए थे। उन्होंने एक सभा में यह घोषणा की थी कि वह होनहार व परिश्रमी अछूत विद्यार्थियों की आर्थिक सहायता करने को तैयार हैं। श्री केलुस्कर ने महाराजा को भीमराव का परिचय दिया। महाराजा ने भीमराव से कुछ सवाल किए जिनका उत्तर उन्होंने बड़े अच्छे ढंग से दिया। महाराजा बड़े प्रसन्न हुए और भीमराव को 25 रुपए मासिक छात्रवृत्ति देना स्वीकार कर लिया।

भीमराव ने बड़ौदा के महाराजा सयाजीराव गायकवाड से प्राप्त पच्चीस रुपये प्रति माह की छात्रवृत्ति की मदद से सन् 1912 में अपनी स्नातक (बी.ए.) की परीक्षा उत्तीर्ण की। किंतु दुर्भाग्यवश 2 फरवरी, 1913 को उनके पिता का निधन हो गया। भीमराव के लिए यह एक बड़ा आघात था।

4 जून, 1913 को भीमराव और महाराजा सयाजीराव के बीच इस शर्त के साथ सेवा-अनुबंध पर हस्ताक्षर किये गये थे कि वे अपने अध्ययन के बाद बड़ौदा राज्य की सेवा करेंगे। जुलाई 1913 के तीसरे सप्ताह में, उन्होंने भारत छोड़ दिया और गायकवाड़ छात्रवृत्ति के साथ अमेरिका के कोलम्बिया विश्वविद्यालय में दाखिला ले लिया। वे एक विदेशी विश्वविद्यालय में अध्ययन करने वाले प्रथम महार अछूत थे। वे बड़े मेधावी छात्र थे और प्रायः एक दिन में सोलह घण्टे अध्ययन करते थे।

जून 1915 में भीमराव ने 'प्राचीन भारतीय वाणिज्य' नामक अपने शोध-ग्रंथ पर एम.ए. की डिग्री अर्जित की। मई 1916 में उन्होंने गोल्डन वेसर की मानव-विज्ञान संगोष्ठी में 'भारत में जातियां, उनका तंत्र, उत्पत्ति और विकास' शीर्षक से एक शोध-पत्र प्रस्तुत किया था। जून 1916 में उन्होंने 'भारत के लिए राष्ट्रीय लाभांशः एक ऐतिहासिक और विश्लेषणात्मक अध्ययन' शीर्षक से अपना शोध-पत्र पीएच.डी. उपाधि के लिए प्रस्तुत किया। आठ वर्ष पश्चात् यह 'ब्रिटिश भारत में प्रांतीय वित्त का विकास' नाम से प्रकाशित हुआ था। अपने शोध-पत्र को जमा करने के उपरान्त उन्होंने अर्थशास्त्र एवं राजनीति विज्ञान के लंदन स्कूल में दाखिले के लिए कोलम्बिया विश्वविद्यालय को छोड़ दिया। अक्टूबर 1916 में उन्हें कानून के ग्रेज इन में प्रवेश मिल गया। महाराजा सयाजीराव छात्रवृत्ति की अवधि समाप्त होने के कारण, वे लंदन में विज्ञान परास्नातक (अर्थशास्त्र) के शोध-पत्र पर एक वर्ष तक कार्य करने के पश्चात् भारत लौट आए।

जुलाई 1917 में, भीमराव बड़ौदा के महाराजा के सैन्य-सचिव नियुक्त किए गए थे। तब उन्होंने जाति व्यवस्था के घिनौने चेहरे को उसके पूरे

स्वरूप में देखा। उन्हें कार्यालय में पीने का पानी भी सुलभ नहीं था। उन्होंने अपने साथ हुए दुर्व्यवहार के कारण बड़ौदा छोड़ दिया और नवम्बर 1917 में बम्बई लौट आए। नवम्बर 1918 में उन्हें स्यडेनएहम कॉलेज में राजनैतिक अर्थव्यवस्था के व्याख्याता का पद मिल गया किंतु वहाँ भी उच्च जाति के व्याख्याताओं ने पेशेवर कर्मचारियों के लिए आरक्षित बर्तन से उनके पानी पीने पर आपत्ति की। वे 11 नवम्बर, 1918 से 11 नवम्बर, 1920 तक कॉलेज में बने रहे और तत्पश्चात् लंदन में विधि एवं अर्थशास्त्र के अपने अध्ययन को पुनः प्रारम्भ करने के लिए उन्होंने अपने पद से त्याग-पत्र दे दिया। 31 जनवरी सन् 1920 को उन्होंने भारत में दलित वर्गों के उद्देश्य को समर्थन देने के लिए 'मूकनायक' नाम से एक साप्ताहिक शुरू किया। उन्होंने साहू महाराज की अध्यक्षता में सन् 1918 में नागपुर में और मार्च 21, 1920 को कोल्हापुर में आयोजित दलित वर्गों के सम्मेलन में भी भाग लिया।

सितम्बर 1920 में भीमराव ने अर्थशास्त्र और राजनीति विज्ञान के लंदन स्कूल में पुनः दाखिला ले लिया। उन्होंने लंदन के ग्रेज इन से विधि की उपाधि के लिए अर्हता प्राप्त की। जून 1921 में उन्होंने 'ब्रिटिश भारत में राजसी वित्त का प्रांतीय केंद्रीकरण' नामक शोध-पत्र पर विज्ञान परास्नातक (अर्थशास्त्र) की उपाधि अर्जित की। मार्च 1923 में, उन्हें 'रुपये की समस्या' विषय पर डी.एससी. (अर्थशास्त्र) की उपाधि से सम्मानित किया गया था। मई 1947 में यह शोध-पत्र 'भारतीय मुद्रा एवं बैंकिंग का इतिहास' के नाम से प्रकाशित हुआ था। अप्रैल 1923 में उन्होंने भारत के राज्य सचिव ई.एस. मोन्टग एवं विट्ठलभाई पटेल से भेंट की और भारत में अछूतों की समस्याओं पर विचार-विमर्श किया।

❏❏❏

डॉ. भीमराव अम्बेडकर

अस्पृश्यों के नायक

कांग्रेस के राजनीतिक आन्दोलन के फलस्वरूप इंग्लैंड की सरकार ने सन् 1909 में भारत में कुछ सुधार किए जिन्हें मिण्टो-मोर्ले सुधार कहा गया। इन सुधारों में मुस्लिमों को अलग प्रतिनिधित्व, पृथक् निर्वाचक संघ तथा साम्प्रदायिक संरक्षण दिया गया। चूंकि मुस्लिम इस योजना के पक्ष में थे, इसलिए कांग्रेस ने कोई विरोध नहीं किया जो उसकी भयंकर भूल थी। कांग्रेसी हिन्दुओं को बाद में ध्यान आया कि पृथक् निर्वाचन तो भारतीय समाज के लिए खतरनाक है। अतः संयुक्त चुनाव का प्रश्न उठाया गया। सन् 1916 के कांग्रेस के लखनऊ अधिवेशन में इस पर वाद-विवाद हुआ और मुस्लिमों को कुछ और सुविधाएँ देकर संयुक्त निर्वाचन के लिए राजी कर लिया गया।

लखनऊ अधिवेशन में अछूतों के प्रतिनिधित्व का प्रश्न भी उठाया गया। इसी समय विश्वयुद्ध शुरू हो गया जिसमें भारतीय जनता ने अंग्रेजों का साथ दिया था। फलतः अगस्त 1917 में, भारत-मंत्री लार्ड मांटेग ने घोषणा की कि अंग्रेजी सरकार भारत को 'होमरूल' देने को तैयार है जिसके लिए शीघ्र ही ठोस कदम उठाए जाएंगे। तत्पश्चात् लार्ड

मांटेग ने भारत का दौरा किया। सभी राजनीतिक एवं साम्प्रदायिक नेता उनसे मिले। अछूत नेता भी उनसे मिले और उन्होंने भारत में अछूतों पर होने वाले अत्याचारों तथा अन्यायों का प्रबल प्रदर्शन किया। अछूतों में राजनीतिक चेतना का यह अच्छा अवसर था। वे अपने शोषण के प्रति सजग होने लगे थे। इस चेतना का एक अच्छा परिणाम यह निकला कि सेना में अछूतों की भर्ती, जो सन् 1892 से कानूनन बन्द हो चुकी थी, सन् 1917 में फिर से खोल दी गई।

इसके बाद ब्रिटिश सरकार ने मांटेग-चेम्सफोर्ड योजना प्रस्तुत की जिसके अनुसार लार्ड साउथवरो की अध्यक्षता में 'इण्डियन फ्रेंचाइज कमेटी' भारत आई। जब इस कमेटी ने अपना कार्य प्रारम्भ किया तब बम्बई सरकार ने अछूतों की समस्या उसके समक्ष प्रस्तुत करने हेतु कर्मवीर शिंदे तथा डॉ. अम्बेडकर को नियुक्त किया। कमेटी के सामने डॉ. अम्बेडकर ने अछूतों की दयनीय स्थिति को रखा और यह मांग की कि अछूतों को उनकी संख्या के अनुपात में राजनीतिक प्रतिनिधित्व मिले। उन्होंने यह भी मांग रखी कि अछूतों की निर्धन तथा अशिक्षित स्थिति को देखते हुए मतदान की योग्यता निर्धारित की जाए ताकि वे चुनाव से वंचित न हों; लेकिन कर्मवीर शिंदे ने एक विचित्र विचार रखा और यह कहा कि अछूत-प्रतिनिधियों का चुनाव न तो अछूत मतदाता करें और न सरकार वरन् उनका निर्वाचन परिषदों के निर्वाचित सदस्य करें। डॉ. अम्बेडकर ने इसका विरोध किया और कहा कि यह अछूत नेताओं का अपमान होगा। फलतः कमेटी द्वारा शिंदे का सुझाव अस्वीकार कर दिया गया।

सन् 1917 का वर्ष अछूतोद्धार के लिए अच्छा सिद्ध हुआ। मांटेग की घोषणा के पश्चात् सभी राजनीतिक दल और समुदाय सचेत हो गए थे। उधर अछूत लोग भी सजग हो गए ताकि भावी राजनीतिक व्यवस्था में उनकी समस्याओं की ओर भी ध्यान दिया जाए। कोल्हापुर के छत्रपति

साहू महाराज ने अपनी रियासत में अछूतोद्धार आन्दोलन प्रारम्भ कर दिया था। उन्हीं की सहायता से डॉ. अम्बेडकर ने अपना पाक्षिक मराठी पत्र 'मूकनायक' प्रकाशित किया। महाराजा ने रियासत में 21 मार्च, 1920 को अछूतों की एक विराट सभा करवाई जो डॉ. अम्बेडकर की ही अध्यक्षता में सम्पन्न हुई। सभा में साहू महाराज ने कहा—'भाइयों। मुझे अत्यधिक प्रसन्नता है कि आज आपको डॉ. भीमराव अम्बेडकर जैसा महान नेता एक रक्षक के रूप में मिल गया है। वह तुम्हारी छुआछूत की जंजीर तोड़ देगा और अछूतों के सच्चे नेता के रूप में समूचे भारत में चमक उठेगा।'

साहू महाराज की अछूतोद्धार में गहन रुचि थी। मई, 1920 में डॉ. अम्बेडकर की प्रेरणा और प्रयत्न से नागपुर में छत्रपति साहू की अध्यक्षता में 'अखिल भारतीय बहिष्कृत (अछूत) परिषद्' की स्थापना हुई। विषय-नियामक समिति में डॉ. अम्बेडकर ने 'डिप्रेस्ड क्लासेज मिशन सोसाइटी' की कार्य-प्रणाली की समीक्षा की और कहा कि इस सोसाइटी ने जो अछूत समाज से द्रोह किया, उसका निषेध किया जाए क्योंकि यह संस्था अब अछूत समाज के लिए विश्वासपात्र नहीं रही। उन्होंने मांग की कि अछूतों को अपनी उन्नति के लिए अपने पैरों पर खड़े होना चाहिए। नागपुर की बहिष्कृत परिषद् में निश्चय ही एक नया मोड़ आया। उन्होंने अछूत समाज में स्वावलम्बन की आवश्यकता का अनुभव किया। डॉ. अम्बेडकर ने अभी पूर्णतः अछूतोद्धार आंदोलन को अपने निर्देशन तथा हाथों में लेना नहीं चाहा क्योंकि वे लन्दन के अपने अधूरे अध्ययन को पूरा करना चाहते थे। अपने दलित भाइयों को स्वावलम्बन तथा स्वतंत्रता का संदेश देकर 5 जुलाई, 1920 को अपनी शिक्षा-यात्रा को पूरा करने के लिए वे बम्बई के सिडेनहॅम कॉलेज में प्रोफेसर के पद से निवृत्त होकर लन्दन चले गए।

डॉ. अम्बेडकर अप्रैल 1923 में अपना अध्ययन समाप्त करने के पश्चात् लन्दन से भारत आए। आने पर उन्होंने देखा कि अछूतोद्धार आन्दोलन का संचालन सवर्ण हिन्दू कर रहे हैं जो उन्हें बड़ा अखरा क्योंकि वे चाहते थे कि अछूत लोग अपने सुधार-आन्दोलन का स्वतंत्र रूप से संचालन करें। संस्थागत अध्ययन के पश्चात् उन्होंने अपने जीवन के मिशन का कार्य प्रारम्भ किया जिसमें वे जीवनपर्यन्त रत रहे। सर्वप्रथम बम्बई में अछूतों की एक सभा करके, उन्होंने 'अंत्यज संघ' की स्थापना की जिसका मूल उद्देश्य अछूतों की हर प्रकार से सेवा करना था। संघ ने चन्दे द्वारा कुछ धन इकट्ठा किया जिसे अछूत बच्चों की पढ़ाई-लिखाई के लिए वितरित किया गया। यह कार्य हर वर्ष किया जाता था ताकि दलितों में शिक्षा के प्रति आकर्षण पैदा हो। संघ ने अछूत लोगों की बस्तियों में वाचनालय खोले और धीरे-धीरे दलित शिक्षार्थियों के लिए, छात्रावास भी स्थापित किए। संघ की प्रसिद्धि दूर-दूर तक फैल गई। मद्रास में भी उसकी शाखा स्थापित हुई। संघ की ओर से सबसे बड़ी सेवा यह हुई कि दलित समाज में सामाजिक, राजनीतिक एवं शैक्षणिक चेतना का उदय हुआ।

डॉ. अम्बेडकर ने अपने अछूतोद्धार आन्दोलन की वास्तविक एवं ठोस शुरुआत 20 जुलाई, 1924 को बम्बई में 'बहिष्कृत हितकारिणी सभा' की स्थापना के साथ की। सभा का कार्य-क्षेत्र बम्बई प्रान्त था। उन्होंने दलितों की सेवा शिक्षा के प्रचार द्वारा की। स्कूलों तथा छात्रावासों की स्थापना की। सभा के कार्य सांस्कृतिक विकास केन्द्र चलाना, औद्योगिक तथा कृषि विद्यालय खोलना, अछूतोद्धार आन्दोलन को आगे बढ़ाना आदि से सम्बन्धित थे। अप्रैल 1925 में रत्नागिरी जिले के मालवण नामक गाँव में बम्बई प्रान्तीय अस्पृश्य परिषद्' का पहला अधिवेशन डॉ. अम्बेडकर की अध्यक्षता में हुआ जहाँ उन्होंने विश्वास दिलाया कि वे अछूतोद्धार को

नया मोड़ देना चाहेंगे और सच्चा निःस्वार्थ नेतृत्व प्रदान करेंगे। अभी तक अछूतोद्धार आन्दोलन सवर्ण हिन्दुओं के हाथों में था जो अपने स्वार्थों के लिए उसका संचालन कर रहे थे। ठोस कार्य की अपेक्षा उसका प्रचार अधिक था। इसलिए डॉ. अम्बेडकर चाहते थे कि अछूतोद्धार आन्दोलन का संचालन अछूत कार्यकर्ता ही करें। डॉ. अम्बेडकर का विश्वास था कि ऐसा करने से दलितों में स्वावलंबन, आत्मविश्वास और आत्म-सम्मान की भावनाएं उत्पन्न होंगी। इन भावनाओं के बिना, अछूतों का उत्थान सम्भव नहीं था। जहाँ कहीं भी डॉ. अम्बेडकर व्याख्यान देते, वहाँ वे दलितों को अपने पैरों पर खड़े होने की शिक्षा देते क्योंकि आत्म-सहायता ही शोषित एवं पीड़ित लोगों को ठोस परिणाम प्रदान करती है। मालवण गाँव की सभा में बोलते हुए उन्होंने कहा :

"तुम लोग जो यहाँ एकत्रित हो, कितनी दुर्दशा है तुम्हारी। तुम्हारे दयनीय चेहरे देखकर और तुम्हारे दीनता भरे शब्द सुनकर मेरा हृदय द्रवित हो गया है। तुम अपने इस दुःखी जीवन से दुनिया के दुःख दर्द क्यों बढ़ाते हो? तुम जन्म के समय ही क्यों न मर गए? यदि अब भी मर जाओ तो संसार पर तुम्हारा उपकार होगा। लेकिन यदि तुम जीना चाहते हो तो जिन्दादिली के साथ जियो। इस देश में अन्य नागरिकों को जो अन्न, वस्त्र और मकान मिलते हैं, तुम्हें भी प्राप्त होने चाहिएँ। यह तुम्हारा जन्मसिद्ध अधिकार है। इन मानवीय अधिकारों को प्राप्त करने के लिए, तुम्हें ही आगे आना होगा और निर्भीक होकर, संगठित बनकर काम करना होगा।"

❑❑❑

डॉ. भीमराव अम्बेडकर

दलितों के हितैषी

साइमन कमीशन की रिपोर्ट मई 1930 में प्रकाशित हुई थी। कमीशन ने भारतीय राष्ट्रवाद तथा उसकी शक्तियों की अवहेलना की थी। उसमें जानबूझकर भारतीय दृष्टिकोण की उपेक्षा की गई थी। चूँकि भारत के राजनीतिक दलों में परस्पर कोई समझौता नहीं हुआ था, इसलिए कमीशन ने पृथक् निर्वाचन प्रणाली को ही बनाए रखने की सिफारिश की।

कमीशन ने केन्द्रीय विधानसभा की 250 सीटों में से 150 हिन्दुओं को दीं। दलितों को सम्मिलित करते हुए, संयुक्त चुनाव प्रणाली हिन्दुओं तथा दलितों के लिए रखी गईं। कमीशन ने यह भी सिफारिश की कि दलित वर्गों में से उस समय तक कोई चुनाव नहीं लड़ सकता जब तक कि वह प्रान्त के गवर्नर द्वारा योग्यता का प्रमाणपत्र न प्राप्त कर ले।

द्वितीय गोलमेज सम्मेलन में डॉ. अम्बेडकर एवं प्रमुख नेतागण

यह एक विचित्र शर्त थी जो एक प्रकार से समस्त अछूत समाज के लिए अपमान की बात थी, जिसका डॉ. अम्बेडकर ने खुलकर प्रतिरोध किया।

8 अगस्त, 1930 को डॉ. अम्बेडकर की अध्यक्षता में नागपुर दलित जाति कांग्रेस का प्रथम अधिवेशन सम्पन्न हुआ। अपने अध्यक्षीय भाषण में उन्होंने कहा, "यह सम्भव है कि भारत एक संगठित देश बन सकता है, पर उसकी विभिन्न सांस्कृतिक स्थितियों का थोड़ा ध्यान रखना पड़ेगा। किसी एक ही जाति के लोगों को, विशेषकर हिन्दुओं को, समस्त राजनीतिक सत्ता सौंप दी तो यह अन्य अल्प-संख्यकों के हित में नहीं होगा। यदि एक वर्ग दूसरे वर्ग पर अपना प्रभुत्व बनाए रखे तो उससे आधुनिक जनतांत्रिक व्यवस्था का गला घुँट जाएगा। 'एक व्यक्ति, एक मूल्य' का सिद्धान्त समाप्त हो जाएगा।"

सवर्ण हिन्दुओं के अतिरिक्त भारत में अन्य परिगणित जातियाँ, कबीले तथा घुमक्कड़ समूह हैं। इसलिए डॉ. अम्बेडकर ने उनकी संख्या के अनुसार, उनके हितों को सुरक्षित रखने की मांग प्रस्तुत की।

साइमन कमीशन के सन्दर्भ में बोलते हुए, उन्होंने कहा, "गवर्नर द्वारा योग्यता का प्रमाण-पत्र मांगना एक प्रकार से खुली तथा सीधी मनमानी के सिवाय और कुछ नहीं है। यदि वह एक क्षेत्र में केवल एक ही प्रत्याशी को योग्यता का प्रमाण-पत्र प्रदान करता है तो वहाँ चुनाव की आवश्यकता ही नहीं पड़ेगी।" इसलिए डॉ. अम्बेडकर ने कांग्रेस में आए दलित जाति के जन-समूह को सलाह दी, "मांग करो कि हम अपने प्रत्याशी का स्वयं चुनाव करें और उस चुनाव में कोई शर्त नहीं होनी चाहिए। निश्चित रूप से; हम ही अपने हितों के उत्तम निर्णायक हैं और हमें गवर्नर के हाथ में यह अधिकार नहीं देना है कि वह हमारे लिए भले बुरे का निर्णय करें।"

नवम्बर 1930 में, प्रथम गोलमेज सम्मेलन लंदन में आयोजित किया गया था, उसमें डॉ. अम्बेडकर को अछूतों के एक प्रतिनिधि के रूप में आमंत्रित किया गया था। जबकि द्वितीय गोलमेज सम्मेलन में, जो लंदन

में अगस्त से दिसम्बर 1931 तक आयोजित किया गया था, गांधीजी ने अछूतों के नेतृत्व का दावा किया था जिसका डॉ. अम्बेडकर ने कड़ा विरोध किया।

अगस्त 1932 में रामसे मैकडोनाल्ड ने अछूतों को पृथक् निर्वाचन-क्षेत्र प्रदान करते हुए अपना सांप्रदायिक पंचाट प्रकाशित किया था। गांधीजी ने इसका विरोध किया और अपना आमरण अनशन प्रारम्भ कर दिया। अंततः 24 सितम्बर 1932 को डॉ. अम्बेडकर ने गांधीजी के साथ 'पूना पैक्ट' पर हस्ताक्षर किये।

सन् 1932 में अम्बेडकर संवैधानिक सुधारों पर बनी संयुक्त संसदीय समिति के एक सदस्य बने और 1934 तक बने रहे। उन्होंने 1932-33 में लंदन में तृतीय गोलमेज सम्मेलन में भी भाग लिया।

❑ ❑ ❑

डॉ. भीमराव अम्बेडकर

पूना पैक्ट

26 मई, 1932 को डॉ. अम्बेडकर लन्दन रवाना हो गए ताकि साम्प्रदायिक निर्णय के पूर्व वह ब्रिटिश प्रधानमंत्री तथा मंत्रिमण्डल के अन्य सदस्यों से मिल सकें। इस भेंट को गुप्त रखा गया ताकि विरोधी लोग कोई बखेड़ा खड़ा न कर दें। डॉ. अम्बेडकर वहाँ सभी महत्वपूर्ण व्यक्तियों से मिले जिनके समक्ष उन्होंने अछूतों के लिए पृथक् प्रतिनिधित्व की जोरदार वकालत की। इधर 17 अगस्त को डॉ. अम्बेडकर भारत वापस लौटे और उधर 20 अगस्त 1932 को ब्रिटिश प्रधानमंत्री के साम्प्रदायिक निर्णय 'कम्यूनल अवार्ड' की घोषणा हुई। इस निर्णय में दलितों को पृथक् निर्वाचन मिला, प्रान्तीय विधान सभाओं में सुरक्षित सीटें स्वीकृत हुई और यह अधिकार भी मिला कि दलित स्वतंत्रतापूर्वक कहीं भी चुनाव में उम्मीदवार बन सकते हैं। पृथक् निर्वाचन के अनुसार, दलितों को 'डबल वोट' देने का अधिकार मिला अर्थात् अपने प्रतिनिधियों को स्वयं के मतों से चुनना तथा अन्य प्रतिनिधियों के चुनाव में भी वोट देना। यह डॉ. अम्बेडकर की बड़ी जीत थी। इस निर्णय में मुसलमानों, सिखों, ईसाइयों तथा यूरोपियन्स को भी पृथक् निर्वाचन स्वीकृत हुआ था।

भारत में यह कम्यूनल अवार्ड एक बहुत बड़े राजनीतिक संकट में परिणत हो गया, जिसमें अम्बेडकर और गांधीजी बुरी तरह उलझ गए। जब गांधीजी गोलमेज सम्मेलन में होकर भारत आए तब उन्हें सरकार ने गिरफ्तार कर लिया। उन्हें यरवदा जेल (पूना) में रखा गया था। उन्होंने

जेल से ही ब्रिटिश प्रधानमंत्री को सूचित किया कि वह 20 सितम्बर 1932 को अछूतों के दिए गए पृथक् प्रतिनिधित्व के विरुद्ध आमरण अनशन प्रारम्भ कर देंगे। वह चाहते हैं कि अछूतों को हिन्दुओं से पृथक् न रखा जाए। वे हिन्दू समाज के आवश्यक अंग हैं। साम्प्रदायिक निर्णय हिन्दू-धर्म तथा समाज को सदैव के लिए विभाजित कर देगा। अतः अछूतों का पृथक् चुनाव, जो स्वीकृत हुआ, उसे शीघ्र ही रद्द किया जाए अन्यथा वह (गांधीजी) अपने प्राणों की आहुति दे देंगे। लेकिन डॉ. अम्बेडकर ने स्पष्ट कर दिया था कि पृथक् निर्वाचन का यह अर्थ कतई नहीं है कि अछूत हिन्दू-समाज या धर्म से भी पृथक् हो रहे हैं।

19 सितम्बर, 1932 के दिन प्रमुख हिन्दू नेताओं की बंबई में सभा हुई जिसमें सभी बड़े-बड़े नेता शामिल हुए। सभी नेताओं ने सर्वप्रथम डॉ. अम्बेडकर से आग्रह किया कि वह कुछ बोलें। तब शान्त एवं गम्भीर स्वर में, उन्होंने कहा कि महात्मा गांधी को अछूतों के पृथक् चुनाव के प्रति ऐसा दुराग्रह नहीं दिखाना चाहिए। यह तो हर व्यक्ति चाहता है कि गांधीजी का जीवन बचाया जाए; लेकिन किसी ठोस सुझाव के अभाव में क्या कोई समझौता संभव हो सकता है? डॉ. अम्बेडकर ने सभी नेताओं से कहा कि वे गांधीजी के विकल्प को जानने का प्रयास करें ताकि ठोस विचार हो सके। डॉ. अम्बेडकर ने यह स्पष्ट कहा, "एक बात निश्चित है, गांधीजी का जीवन बचाने के लिए, मैं दलितों के हितों के विरुद्ध किसी प्रस्ताव के पक्ष में नहीं होऊँगा।" जब यह सब कुछ गांधीजी को बताया गया तब वे मूक रह गए और आखिर 20 सितम्बर, 1932 को अपना आमरण अनशन प्रारम्भ कर दिया जिससे संपूर्ण भारत में हाहाकार मच गया जिसकी कड़ी प्रतिक्रियाओं ने डॉ. अम्बेडकर को एक बड़ी दुविधा में डाल दिया।

हिन्दू नेताओं की सभा बंबई में 22 सितम्बर तक चली। एक तरफ गांधीजी ने पूना की यरवदा जेल में आमरण अनशन प्रारम्भ कर दिया था

और दूसरी ओर बंबई में विचार-विमर्श हो रहे थे। सभा में, गांधीजी के विचार स्पष्ट किए गए कि उन्हें दलित जाति को सुरक्षित सीटें देने में आपत्ति नहीं है। वे केवल पृथक् चुनाव के विरुद्ध हैं। अंत में, डॉ. अम्बेडकर ने भी यह कह दिया, "इस संदर्भ में, खलनायक होना मेरे भाग्य में बदा है। लेकिन जिसे मैं पवित्र कर्त्तव्य मानता हूँ, उससे मैं विचलित नहीं होऊँगा। मैं अपने लोगों के प्रति विश्वासघात नहीं करूँगा, भले ही आप मुझे किसी निकट के बिजली के खम्भे पर फांसी चढ़ा दें।" डॉ. अम्बेडकर ने गुस्से में उन एकत्रित हिन्दू नेताओं की ओर देखकर कहा, "तुम कोरे सिद्धांतवादी, पण्डित और देशभक्त, यदि तुम हमें अपना नहीं मान सकते, तो तुम्हें हम पर संयुक्त निर्वाचन थोपने का कोई अधिकार नहीं है अथवा अपने धर्म से हमें चिपकाए रखने का भी हक नहीं है।" हिन्दू नेताओं ने जब डॉ. अम्बेडकर से यह आग्रह किया कि वे गांधीजी से जेल में एक भेंट अवश्य करें, तो वे सहर्ष राजी हो गए।

21 सितम्बर, 1932 की शाम को, डॉ. अम्बेडकर, मालवीय, सप्रू, बिड़ला, जयकर, चुन्नीलाल मेहता और राजागोपालाचारी सहित गांधीजी से मिलने पूना गए जहाँ उन्हें इस गम्भीर राजनीतिक संकट का निदान करना था। जब ये लोग यरवदा जेल के अहाते के अन्दर गए तो गांधीजी एक लोहे की चारपाई पर, बेहद कमजोर स्थिति में, एक घने आम के पेड़ के नीचे लेटे हुए थे। सरदार पटेल और सरोजिनी नायडू उनके पास गंभीर मुद्रा में बैठे थे। जब डॉ. अम्बेडकर उनकी चारपाई के निकट पहुँचे तो वातावरण और भी गम्भीर हो गया। सब लोग सोच रहे थे डॉ. अम्बेडकर गांधीजी से मिलते ही पिघल जाएँगे, लेकिन डॉ. अम्बेडकर गांधीजी से अधिक दलितों को हृदय से प्रेम करते थे। उनका अपना कोई निजी स्वार्थ नहीं था। वे निर्भीक एवं साहसी थे। वार्तालाप प्रारम्भ हुआ। सप्रू ने सारा किस्सा गांधीजी को कह सुनाया। मदन मोहन मालवीय ने अपना हिन्दू दृष्टिकोण प्रस्तुत किया।

डॉ. अम्बेडकर ने भी अपना दृष्टिकोण प्रस्तुत किया। उन्होंने दलितों के हितों की रक्षा हेतु प्रभावशाली भाषा में अपने तर्कों को इस ढंग से रखा कि गांधीजी यह मान गए कि उनकी मांगें न्यायोचित हैं। अन्त में गांधीजी ने कहा : "मैं जानता हूँ आप उसे त्यागना नहीं चाहते जो आपके लोगों को साम्प्रदायिक निर्णय के अन्तर्गत मिला है। मैं आपकी चयनक व्यवस्था (पेनल सिस्टम) को स्वीकार करता हूँ, पर उसमें से एक दोष निकाल दीजिए। आपको चयनक व्यवस्था को सारी सीटों पर लागू करना चाहिए। आप जन्म से अछूत हैं और मैं अपने हृदय से। हमें संगठित तथा अविभाज्य होना चाहिए। हिन्दू समाज को विघटन से बचाने के लिए, मैं अपने प्राण तक देने को तैयार हूँ।"

डॉ. अम्बेडकर ने गांधीजी के सुझाव को स्वीकार कर लिया और वे सुरक्षित सीटों तथा संयुक्त चुनाव के लिये मान गए, पर इनकी अवधि क्या हो अथवा जनमत द्वारा कितने समय बाद यह तय हो कि आरक्षण व्यवस्था कब समाप्त हो, इस पर गतिरोध उत्पन्न हो गया। डॉ. अम्बेडकर 15-20 वर्ष की अवधि पर और गांधीजी 5 वर्ष की अवधि पर अड़े हुए थे। अंततः महात्मा गांधी ने अपना अन्तिम निर्णय दे दिया—"पाँच वर्ष की अवधि अथवा मेरे प्राणों का अन्त।"

अब डॉ. अम्बेडकर एक बड़े भारी धर्म-संकट में पड़ गए। दलितों के हितों की रक्षा करें अथवा महात्मा गांधी के प्राण बचाएँ। अन्त में, राजगोपालाचारी तथा अन्य नेताओं की सहायता से यह निर्णय हुआ कि किसी जनमत के बिना सुरक्षित सीटों तथा संयुक्त निर्वाचन की अवधि दस वर्ष रख दी जाए और अछूतों के पृथक् निर्वाचन का भी अन्त हो जाए। इस पर डॉ. अम्बेडकर सहमत हो गए और जब गांधीजी को जेल में इस बात की जानकारी दी गई तो उन्होंने भी अपनी स्वीकृति दे दी। फिर क्या था? समझौते का प्रारूप तैयार किया गया और 24 सितम्बर,

1932 को इस पर दलित वर्गों की ओर से, डॉ. अम्बेडकर ने और सवर्ण हिन्दुओं को ओर से, पं. मदनमोहन मालवीय ने हस्ताक्षर किए।

पूना समझौते की सूचना शीघ्र ही ब्रिटिश प्रधानमंत्री को दे दी गई। 25 सितम्बर, 1932 को बम्बई में एक आमसभा हुई जिसमें मालवीय ने अपने अध्यक्षीय भाषण में यह कहा कि अब किसी को जन्म से अछूत नहीं समझा जाना चाहिए और देश में छुआछूत का अन्त होना चाहिए। सभी ने डॉ. अम्बेडकर को इसके लिये हार्दिक बधाइयाँ दीं।

पूना-पैक्ट ने सारे देश का ध्यान आकर्षित किया। इससे यह सिद्ध हो गया कि गांधीजी, कांग्रेस तथा कट्टर सवर्ण हिन्दू जो अभी तक डॉ. अम्बेडकर को दलित वर्गों का नेता स्वीकार नहीं करते थे, उन्होंने अब उन्हें अछूतों का प्रतिष्ठित नेता मान लिया था और गांधीजी के प्राण बचाने का श्रेय डॉ. अम्बेडकर को ही दिया गया। हालांकि दोनों पक्षों को कुछ न कुछ खोना पड़ा। 71 सीटों के बजाय सवर्ण हिन्दुओं को अछूतों के लिए 148 सीटें देनी पड़ीं और उधर दलित वर्गों को अपने प्रतिनिधियों को केवल अपने द्वारा चुने जाने का अवसर छोड़ना पड़ा। यह तय किया गया कि सवर्ण हिन्दू भी दलित प्रतिनिधियों के चुनाव में वोट देंगे।

पूना पैक्ट का सर्वोत्तम परिणाम यह हुआ कि अछूतों की समस्या देशव्यापी स्तर पर यथार्थ रूप में उभर कर आई और सवर्ण हिन्दू नैतिक दृष्टि से छुआछूत मिटाने और अछूतों की प्रगति के द्वार खोलने के लिए बाध्य हो गए। इन सब बातों का पूरा श्रेय डॉ. भीमराव अम्बेडकर को ही जाता है।

❑❑❑

डॉ. भीमराव अम्बेडकर

कुछ मुख्य घटनाएँ

डॉ. अम्बेडकर चाहते थे कि अछूतों को मानवीय अधिकार शीघ्रातिशीघ्र मिलें ताकि वे भी अपने-आपको को मानव समझें। इस बात में सफलता प्राप्त करना कोई सरल काम नहीं था क्योंकि कट्टर हिन्दुओं द्वारा इसका कड़ा प्रतिरोध किया जा रहा था। अतः वे इस निष्कर्ष पर पहुँचे कि सतत् संघर्ष किए बिना, हिन्दू समाज में मानवीय अधिकार प्राप्त नहीं हो सकते। उस समय के वातावरण में एकमात्र उपाय संघर्ष के साथ-साथ सत्याग्रह था जिसपर चलने का उन्होंने और उनके साथियों ने निश्चय किया। उनके द्वारा किए गए सत्याग्रहों में दो बड़े प्रसिद्ध हैं : एक महाड का जल सत्याग्रह और दूसरा नासिक का धर्म सत्याग्रह।

महाराष्ट्र के एक समाज सुधारक श्री बोले ने सन् 1923 में बम्बई कौंसिल में यह प्रस्ताव प्रस्तुत किया था कि "सरकार द्वारा या सार्वजनिक धन से संचालित संस्थाएँ—न्यायालय, विद्यालय, चिकित्सालय, कार्यालय, धर्मशाला, कुआँ, जलाशय, पनघट, तालाब—इन स्थानों में प्रवेश करने और उनका उपयोग करने का अधिकार सरकार अछूत वर्गों को भी प्रदान करे।" यह प्रस्ताव 4 अगस्त 1923 को पास हो गया था। सरकार ने सभी प्रमुख विभागों और स्थानीय बोर्डों को यह आदेश जारी कर दिए थे कि अछूतों को सार्वजनिक स्थानों का प्रयोग करने दिया जाए। इसी आदेशानुसार, कोलाबा जिले की महाड नगरपालिका ने सन् 1924 में चॉवदार तालाब से पानी भरने का अधिकार अछूतों को दे दिया था, पर वहाँ के सवर्ण

हिन्दू नहीं चाहते थे कि अछूत लोग तालाब के पानी का प्रयोग करें। हालांकि ईसाई, मुसलमान, पारसी—सभी तालाब के पानी का उपयोग करते थे। सवर्ण हिन्दुओं ने यह ठान ली थी कि किसी भी अछूत को तालाब का पानी छूने तक न दिया जाए। अछूतों के अपने धर्म-भाई ही, उनका प्रतिरोध कर रहे थे।

उधर अछूत स्त्री-पुरुषों में एक बड़ा उत्साह पैदा हो गया कि वे अपने अधिकार का प्रयोग अवश्य करेंगे। अतः कोलाबा जिले के प्रमुख अछूत नेताओं ने 19-20 मार्च, 1927 को महाड में डॉ. अम्बेडकर की अध्यक्षता में दलित जाति परिषद् की ओर से एक सभा का आयोजन किया। इस आयोजन का काफी प्रचार किया गया और महाराष्ट्र तथा गुजरात के दूर-दूर के स्थानों से आकर वहाँ अछूत स्त्री-पुरुष एकत्र हुए। महाड गाँव के देवता का नाम वीरेश्वर था जिसके नाम पर पण्डाल बनाया गया। जब डॉ. अम्बेडकर वहाँ पहुँचे तो उनका भव्य स्वागत किया गया। उन्होंने अपने अध्यक्षीय भाषण में भेदभावपूर्ण नीति द्वारा महारों की सेना में भर्ती पर प्रतिबन्ध लगाने पर सरकार की कड़ी आलोचना की और सदियों से सोए हुए अछूतों को उनके अधिकारों के प्रति सचेत किया।

19 मार्च की रात को विषय-नियामक समिति की बैठक हुई जिसमें यह निर्णय लिया गया कि 20 मार्च की सुबह तालाब से पानी पीने के अधिकार को व्यावहारिक रूप दिया जाए। यह बड़ी विचित्र बात थी कि यदि कोई अछूत ईसाई या मुसलमान बन जाए तो वह चॉवदार तालाब से पानी पी सकता था, पर वही अपने अछूत के रूप में उस पानी को छू तक नहीं सकता था। खैर दूसरे दिन तालाब से पानी पीने का प्रस्ताव पास हुआ। डॉ. अम्बेडकर ने कहा : "हम अपने अधिकार का प्रयोग करने अवश्य जाएँगे, पर तुम सब लोगों को बिल्कुल शान्त रहना है।" सुबह होते ही, डॉ. अम्बेडकर के नेतृत्व में, लगभग पाँच हजार नर-नारियों का एक जुलूस

तालाब की ओर चल पड़ा। वे प्रथम बार इतने बड़े सत्याग्रह का नेतृत्व कर रहे थे। शान्तिपूर्ण ढंग से यह जुलूस तालाब के किनारे तक पहुँच गया। डॉ. अम्बेडकर ने तालाब के किनारे बैठकर दोनों हाथों से जलाचमन किया। तत्पश्चात् जुलूस शान्तिपूर्वक पण्डाल की ओर लौट आया।

महाड में एक सभा में भाषण देते हुए, डॉ. अम्बेडकर ने दलित स्त्रियों से कहा : ''आप अपने-आपको को कभी अछूत मत समझो। साफ-सुथरा जीवन व्यतीत करो। स्पृश्य स्त्रियों की भांति वस्त्र पहनो। इसकी कभी चिंता न करो कि तुम्हारे वस्त्र फटे-पुराने हैं। यह ध्यान रखो कि वे साफ हैं। अपने मन को स्वच्छ बनाने का ध्यान रखो और आत्मसहायता की भावना अपने में पैदा करो।'' उन्होंने आगे कहा, "लेकिन यदि तुम्हारे पति और पुत्र शराब पीते हैं तो उन्हें भोजन मत दो। अपने बच्चों को स्कूल भेजो। स्त्री-शिक्षा उतनी ही अनिवार्य है जितनी पुरुष-शिक्षा। यदि तुम लिखना-पढ़ना जानते हो तो तुम्हारी प्रगति शीघ्र होगी। जैसे तुम रहोगे वैसे ही तुम्हारी सन्तान बनेगी। उनके जीवन को इस प्रकार ढालो कि वे दुनिया में आपका नाम रोशन करें।''

इन शब्दों के साथ महाड सत्याग्रह का अन्त हुआ। लेकिन डॉ. अम्बेडकर ने, यह देखकर कि सत्याग्रह भविष्य में सम्भव नहीं होगा, न्यायालय में चॉवदार तालाब से अछूतों द्वारा पानी पीने के अधिकार के लिए दावा पेश किया। यह मुकदमा कई वर्ष तक चलता रहा और डॉ. अम्बेडकर स्वयं उसकी पैरवी करते रहे। अंततः बम्बई हाई कोर्ट ने 17 मार्च 1936 को अछूतों के पक्ष में ही फैसला सुनाया।

नासिक का धर्म सत्याग्रह भी एक अविस्मरणीय घटना है। नासिक हिन्दुओं का एक ऐतिहासिक तीर्थस्थल है। यहाँ वह पंचवटी है जहाँ भगवान रामचन्द्रजी वनवास के दिनों में रहे थे। लक्ष्मण द्वारा शूपर्णखा की नाक भी यहीं काटी गई थी और यहीं से रावण ने सीताहरण किया था।

यहाँ एक 'काला राम' मन्दिर है जिसमें भगवान राम की एक मूर्ति विराजमान है। रामनवमी पर यहाँ पन्द्रह दिन का एक लक्खी मेला होता है जिसमें रथ-यात्रा भी होती है और काले राम रथ में बैठकर गोदावरी में स्नान करने जाते हैं। रथ को हिन्दू लोग खींचते हैं। वे गोदावरी में स्नान करके काले राम के मन्दिर में दर्शन करते हैं। अछूतों की भी यह इच्छा थी कि वे भी ऐसा करें, पर उन्हें ऐसा कौन करने देता? अछूत लोग इस बात के लिए सन् 1929 से प्रयास कर रहे थे कि उन्हें भी रथ खींचने दिया जाए, गोदावरी के मुख्य घाट पर स्नान करने दिया जाए और मन्दिर में काले राम के दर्शन भी करने दिए जाएँ; लेकिन उनको सफलता नहीं मिली थी। महाड सत्याग्रह ने डॉ. अम्बेडकर का नाम वहाँ भी पहुँचा दिया था। उनके अछूतोद्धार आन्दोलन से वे परिचित थे। अतः वहाँ के अछूत लोगों ने डॉ. अम्बेडकर से आग्रह किया कि वे उनका नेतृत्व करें।

डॉ. अम्बेडकर 2 मार्च 1930 को ही बंबई से नासिक पहुँच गए। उनकी अध्यक्षता में एक आमसभा हुई जिसमें अपार भीड़ थी। सर्वसम्मति से यह निर्णय हुआ कि सत्याग्रह अवश्य किया जाए। सत्याग्रह की विधिवत् घोषणा कर दी गई और सभी अछूत स्त्री-पुरुष बड़ी से बड़ी कुर्बानी देने के लिए तैयार थे। दोपहर बाद तीन बजे अछूतों का एक विशाल जन-समूह एकत्र हुआ। सभी एकत्र स्त्री-पुरुष काला राम मन्दिर की ओर एक जुलूस के रूप में चल पड़े। जुलूस का नेतृत्व डॉ. अम्बेडकर कर रहे थे। सभी स्त्री-पुरुष काला राम के दर्शन के लिए लालायित थे; लेकिन जैसे ही मन्दिर के प्रबन्धकों ने विशाल जुलूस को आते देखा, उन्होंने मन्दिर के सभी द्वार बन्द कर दिए। जुलूस ने बहुत देर प्रतीक्षा की, पर द्वार नहीं खुले तो जुलूस गोदावरी के घाट की ओर चल पड़ा, जहाँ पहुँच कर वह एक सभा में परिणत हो गया। वहाँ सभी स्त्री-पुरुषों ने सत्याग्रह की शपथ ग्रहण की।

सत्याग्रह का स्वतः ही बहुत प्रचार हो गया था। सरकार ने शहर में धारा 144 लगा दी। यह घोषणा भी करवा दी गई कि काला राम मन्दिर के आस-पास सौ गज के अन्दर समूह में घूमने वालों को पुलिस द्वारा पकड़ लिया जाएगा। फिर भी कुछ सत्याग्रही एक-एक करके मन्दिर के द्वारों के पास पहुँच गए। कुछ स्त्री-पुरुष भजन गाते-गाते वहाँ तक पहुँच गए। उन्होंने मन्दिर के द्वारों के समक्ष धरना प्रारम्भ कर दिया; परन्तु द्वार बन्द रहे। उधर सत्याग्रह भी निर्बाध चलता रहा।

किंतु सवर्ण हिन्दुओं ने अछूत नर-नारियों को न तो काला राम के दर्शन होने दिए और न ही उन्हें गोदावरी के घाट पर स्नान करने दिया। अछूत नवयुवकों को रथयात्रा के स्थान पर निर्दयतापूर्वक मारा-पीटा गया; लेकिन अछूत लोगों में सत्याग्रह एवं संघर्ष का जोश निरन्तर बना रहा। फलतः हिन्दुओं को मन्दिर के दरवाजे एक साल तक बन्द रखने पड़े। मन्दिर प्रवेश का वह सत्याग्रह रथयात्रा पर केन्द्रित हो गया। जब भी रथयात्रा का समय आता तभी अछूत स्त्री-पुरुष उसे खींचने की मांग करते। अंततः जिलाधीश ने रथयात्रा की प्रथा ही बन्द करवा दी और रथयात्रा के बिना ही मूर्ति को स्नान कराने के लिए ले जाने की अनुमति दे दी; परन्तु सन् 1931 में उस पर भी प्रतिबन्ध लगा दिया गया। किंतु अक्टूबर 1935 में जब मन्दिर प्रवेश पर कानून बन गया तो काला राम मंदिर के द्वार भी अछूतों के दर्शनार्थ स्वतः ही खुल गए।

❏❏❏

डॉ. भीमराव अम्बेडकर

आजादी एवं विभाजन

2 जुलाई, 1947 को माउण्टबैटन योजना के अन्तर्गत भारत के दो भाग हो गए, भारतीय संघ और पाकिस्तान। 15 अगस्त, 1947 के दिन ये दोनों देश स्वतन्त्र हो गए। कड़े संघर्ष के पश्चात् भारत को राजनीतिक स्वतन्त्रता तो मिली, पर दुःखान्त स्थिति में।

इस विभाजन की राजनीति में अछूतों को कुछ भी नहीं मिल पाया था। डॉ. अम्बेडकर बड़े चिंतित थे। उन्होंने जीवन भर संघर्ष किया और दलितों ने बड़ी कुर्बानियाँ कीं, अपनी जानें दीं; पर अंत में कोई ठोस फल नहीं मिला। अतएव अपने अन्तिम प्रयास के उद्देश्य से डॉ. अम्बेडकर 5 अक्टूबर, 1946 को लंदन पहुँचे। वह वहाँ मंत्रियों, राजनीतिज्ञों और विशेषज्ञों से मिले ताकि अछूतों के हितों की सुरक्षा का मार्ग निकल सके। प्रायः

संविधान-सभा के सदस्य के रूप में शपथ लेते हुए भीमराव अम्बेडकर

सभी ने यह सलाह दी कि वह दलितों के अधिकारों के लिए संविधान-सभा में ही संघर्ष करें क्योंकि शीघ्र ही भारतीय अपने भाग्य के विधाता बनने वाले हैं। डॉ. अम्बेडकर चाहते थे कि दलितों को जनसंख्या के आधार पर प्रांतीय तथा केंद्रीय असेम्बलियों तथा मंत्रिमण्डलों में प्रतिनिधित्व प्राप्त

हो। वे लंदन के वार्तालापों से समझ गए कि अब अछूतों के हितों का निर्णय भारतीयों के ही हाथ में हैं। वे भारत लौट आए और दलितों की स्थिति पर गम्भीर चिंतन करने लगे दिया।

संविधान-सभा का अधिवेशन 9 सितम्बर, 1946 को डॉ. सच्चिदानंद सिन्हा की अध्यक्षता में प्रारम्भ हुआ। 11 दिसम्बर को सर्वसम्मति से डॉ. राजेन्द्रप्रसाद को इसका स्थाई अध्यक्ष चुना गया। संविधान-सभा में देश के सभी गणमान्य राजनीतिज्ञ, नेता, विद्वान् और वकील चुनकर आ गए थे। डॉ. अम्बेडकर संविधान-सभा में सीधे मार्ग से न आ सके। वे बंगाल विधान-सभा से दलितों के प्रतिनिधि के रूप में मुस्लिम लीग की सहायता से निर्वाचित होकर आए। 13 दिसम्बर को जवाहरलाल नेहरू ने संविधान-सभा में एक प्रस्ताव प्रस्तुत करके भारत के ध्येय की घोषणा की जिसमें भारत की 'स्वतंत्र सार्वभौम सत्ता-प्राप्त प्रजातंत्र' कहा गया।

तब केवल डॉ. अम्बेडकर ही एक ऐसे व्यक्ति थे जिन्होंने संशोधन प्रस्ताव का समर्थन किया। सारा सदन उस समय देखता रह गया जब डॉ. अम्बेडकर ने कांग्रेस सहित नेहरू-प्रस्ताव की आलोचनात्मक समीक्षा की। उन्होंने कहा कि नेहरू का प्रस्ताव अपूर्ण है जिसमें बहुत सी कमियां हैं। जब संविधान-सभा में देश के सभी लोगों का प्रतिनिधित्व नहीं तो उसे यहाँ लाना जल्दबाजी होगा। अपने मुस्लिम भाइयों को यहाँ लाने का पुनः प्रयास किया जाए और यह भी प्रयास किया जाए कि प्रस्ताव में अन्य बातों के अलावा, उन दीन-हीनों के लिए भी कुछ संकेत किया जाए जो भारत के मूल-निवासी हैं और जिन्हें सदियों से यातनाओं के अतिरिक्त कुछ नहीं मिला है। डॉ. अम्बेडकर द्वारा आलोचना के बाद, उस प्रस्ताव को अगले अधिवेशन तक स्थगित कर दिया गया। संविधान-सभा का अगला अधिवेशन जनवरी, 1947 में हुआ और तब जाकर नेहरू प्रस्ताव 20 जनवरी, 1947 को पास किया गया।

❑❑❑

डॉ. भीमराव अम्बेडकर

संविधान के निर्माता

15 जुलाई, 1947 को ब्रिटिश संसद ने 'एक्ट आफ इंडियन इंडिपेंडेंस' पास किया, जिसके फलस्वरूप संविधान-सभा पूर्ण सत्ता-प्राप्त संगठन बन गई। मूलतः वह सम्पूर्ण भारत के लिए थी; परन्तु अब वह विभाजित भारत के लिए ही रह गई। बंगाल का भी विभाजन हो गया। इसलिए, संविधान-सभा के बहुत से सदस्यों को अपनी सीटें खोनी पड़ीं। डॉ. अम्बेडकर भी अपनी सीट खो बैठे। उधर चूँकि डॉ. एम.आर. जयकर ने त्याग-पत्र दे दिया था, इसलिए बम्बई से उनकी सीट को भरने के लिए; बम्बई लेजिस्लेटिव कांग्रेस पार्टी ने संविधान-सभा के लिए डॉ. अम्बेडकर को चुना और इस प्रकार वे पुनः निर्वाचित होकर आ गए।

स्वतंत्र भारत की प्रथम सरकार

जुलाई 1947 के अन्त में, स्वतन्त्र भारत के नए मन्त्रिमण्डल का गठन होने जा रहा था। मन्त्रिमण्डल जवाहरलाल नेहरू के नेतृत्व में बनना था। उस समय डॉ. अम्बेडकर दिल्ली में ही थे। पंडित नेहरू ने डॉ. अम्बेडकर को अपने कक्ष में आमन्त्रित करके पूछा—"क्या आप स्वतन्त्र भारत के प्रथम मन्त्रिमंडल में विधि मंत्री बनना स्वीकार करेंगे?" डॉ. अम्बेडकर ने सहर्ष इस प्रस्ताव को स्वीकार कर लिया। नेहरूजी मन्त्रिमण्डल के सदस्यों की सूची लेकर गाँधीजी से मिले और उनकी अनुमति प्राप्त की। कांग्रेस तथा गांधीजी, जो अम्बेडकर के कट्टर आलोचक थे, अब डॉ. अम्बेडकर की ओर झुकने लगे थे। अभी तक उन्होंने उनकी उपेक्षा की थी; परन्तु अब वे उनकी योग्यता एवं अनुभव का स्वतन्त्र भारत के निर्माण में उपयोग करना चाहते थे और उधर डॉ. अम्बेडकर ने भी अपनी ओर से उन पुरानी कटुताओं एवं विरोधों को भुला दिया था जिनसे उनके बीच निरन्तर तनाव बना रहता था।

29 अगस्त, 1947 को, संविधान-सभा ने संविधान-प्रारूप समिति की नियुक्ति की जिसमें डॉ. अम्बेडकर को भी मनोनीत किया गया। डॉ. अम्बेडकर को कुछ आश्चर्य तो अवश्य हुआ; परन्तु उस समय उन्हें और भी अधिक आश्चर्य हुआ जब उन्हें प्रारूप-समिति का अध्यक्ष भी चुन लिया गया। निस्सन्देह जिस अछूत को जीवनभर कष्टों, कठिनाइयों एवं अपमानों का सामना करना पड़ा था, आज उसको संविधान के निर्माण की प्रक्रिया में सर्वोच्च स्थान मिला था। भारतीय इतिहास में, एक दलित के लिए यह न केवल आश्चर्यजनक, बल्कि बहुत बड़ी उपलब्धि थी। भारत ने अपना कानूनवेत्ता उस वर्ग से चुना था जिसे सदियों से कुचला एवं शोषित किया गया। नए स्वतंत्र भारत ने कानून बनाने का कार्यभार एक ऐसे व्यक्ति को सौंपा था जिसने कुछ ही वर्ष पूर्व मनु-स्मृति का अग्निदाह किया था।

जब डॉ. अम्बेडकर को नया उत्तरदायित्व मिला, तो वे सिद्धार्थ कॉलेज (बम्बई) की देख-रेख भी कर रहे थे। संविधान-प्रारूप समिति का ही इतना कार्य था कि डॉ. अम्बेडकर को बहुत परिश्रम करना पड़ा। उनको यह भी चिन्ता थी कि पाकिस्तान में जो दलित जाति के स्त्री-पुरुष हैं, उनका क्या होगा? उन्होंने उन्हें उत्साहित किया था कि वे इस्लाम को जबरन कबूल न करें। उनको शीघ्र ही भारत वापस बुलाने का कार्यक्रम बनाया जाएगा। डॉ. अम्बेडकर ने नेहरूजी से भी अपील की कि पाकिस्तान में रहने वाले सभी दलितों को भारत लाने के लिए शीघ्र कदम उठाए जाएँ। इस प्रकार डॉ. अम्बेडकर अनेक प्रकार के कार्यों में व्यस्त रहकर नए संविधान के निर्माण में जुटे हुए थे।

उनके कंधों पर संविधान-प्रारूप समिति का कितना भार था, यह टी. डी. कृष्णामाचारी के 5 नवम्बर, 1948 के उस भाषण से स्पष्ट है जो उन्होंने संविधान-सभा में दिया था–

"सदन सम्भवतः इस बात से अवगत है कि आपके द्वारा मनोनीत सात सदस्यों में से एक ने त्यागपत्र दे दिया था, उसकी पूर्ति की गई। एक सदस्य की मृत्यु हो गई, पर उसके स्थान की पूर्ति नहीं हुई। एक दूर अमेरिका में हैं और उनका स्थान भी नहीं भरा गया। एक सदस्य राजकीय मामलों में व्यस्त हैं, अतएव उनका स्थान भी उस सीमा तक खाली रहता है। स्वास्थ्य कारणों से दो सदस्य दिल्ली से दूर हैं और वे भी अपना काम नहीं सम्भाल पाते। इसलिए कुल मिलाकर संविधान के प्रारूप को तैयार करने का सारा उत्तरदायित्व डॉ. भीमराव अम्बेडकर पर ही आ गया है और मुझे यह कहने में कोई झिझक नहीं है कि हम उनके प्रति बड़े आभारी हैं, उस काम को ऐसी स्थिति में पूर्ण करने के लिए, जो प्रशंसनीय है।"

वस्तुतः डॉ. अम्बेडकर ने ही संविधान-निर्माण का सारा काम सम्भाला था और वह ऐतिहासिक कार्य अब लगभग पूरा होने ही वाला था कि देश में राजनीतिक उथल-पुथल मच गई क्योंकि लोग भारत के विभाजन की पीड़ा से उबर नहीं पाए थे। विभाजन से देश में काफी खून-खराबा हुआ। लोगों का गांधीवाद से विश्वास उठने लगा।

उधर गांधीजी ने 13 जनवरी, 1948 को अपना आमरण अनशन प्रारम्भ कर दिया, जिससे कि साम्प्रदायिक दंगे में उजड़े मुसलमानों को पुनः दिल्ली के उनके घरों में बसाया जाए। इन दबावों के कारण भारत सरकार को पाकिस्तान को पचपन करोड़ रुपयों की रकम देनी पड़ी, हालांकि इसके विरोध में काफी प्रदर्शन हुए। इस प्रकार के उलझन तथा हताशा से परिपूर्ण वातावरण में एक उत्साही युवक नाथूराम गोड्से ने 30 जनवरी, 1948 के दिन महात्मा गांधी की हत्या कर दी।

इस तनावपूर्ण वातावरण में, फरवरी के अंतिम सप्ताह में, डॉ. भीमराव अम्बेडकर ने संविधान का प्रारूप तैयार करके संविधान-सभा के अध्यक्ष को प्रस्तुत कर दिया, जिसे 16 नवम्बर, 1948 को संविधान-सभा के समक्ष पेश किया गया। 26 नवम्बर, 1949 को इसे स्वीकृति प्राप्त हुई और 26 जनवरी, 1950 को यह पूर्णतः लागू कर दिया गया। इसमें 8 सूचियाँ और 315 धाराएँ थीं। संसद के सभी सदस्यों ने डॉ. अम्बेडकर की विद्वता, परिश्रम और कर्त्तव्यनिष्ठा की भूरि-भूरि प्रशंसा की।

❑❑❑

डॉ. भीमराव अम्बेडकर

सरकार से विवाद

डॉ. अम्बेडकर एक स्वतंत्र विचारों वाले निर्भीक नेता थे। वे दलितों के हितों के हर विचार को कहीं न कहीं व्यक्त करते थे, भले ही वह किसी को कटु लगे अथवा उसका कुछ भी परिणाम हो। उन्होंने 25 अप्रैल, 1948 को, उत्तर प्रदेश दलित जाति सम्मेलन (लखनऊ) के समक्ष एक भाषण दिया जिसके कारण नेहरू तथा पटेल दोनों बड़े नाराज हुए। उस भाषण में उन्होंने कांग्रेस सरकार की आलोचना की थी और यह कहा था कि यदि दलित वर्ग संगठित हो जाए तो वे नेहरू, पटेल जैसी सरकार बना सकते हैं।

26 अप्रैल को बम्बई से लौटने के पश्चात् नेहरूजी ने सरदार पटेल को एक पत्र में लिखा, "यहाँ मुझे कुछ कठिन समस्याओं का सामना करना है। उनमें से एक तो नई समस्या है। वह डॉ. अम्बेडकर द्वारा लखनऊ में दिया गया भाषण है। मैं नहीं समझ पा रहा हूँ कि इस भाषण के पश्चात् डॉ. अम्बेडकर किस प्रकार हमारे मंत्रिमंडल में रह सकते हैं। मैं उनके लिए, एक पत्र लिख रहा हूँ, जिसकी एक प्रतिलिपि इस पत्र के साथ संलग्न है।" नेहरू जी ने डॉ. अम्बेडकर को अपने पत्र में यह लिखा था, "आपके भाषण में व्यक्तियों के साथ-साथ कांग्रेस पार्टी पर भी प्रहार है और कांग्रेस में फूट डालने की अपील भी है। ...सांप्रदायिक राजनीतिक संगठन पर भी बल दिया गया है और कहा गया है कि नेहरू, पटेल की सरकार को उखाड़ फेंकना चाहिए। आपके द्वारा

विश्वासघाती व्यक्ति की ओर संकेत में संभवतः हमारे साथी जगजीवनराम की ओर संकेत है। यदि मंत्री लोग इस प्रकार भाषण देंगे तो मंत्रि-परिषद् के उत्तरदायित्व का क्या होगा? प्रधानमंत्री को तो अपना कार्यालय ही बन्द कर देना होगा।''

समाचार-पत्रों ने डॉ. अम्बेडकर को गलत ढंग से उद्धृत किया था; परन्तु उन्होंने नेहरूजी को उनके पत्र का उत्तर दिया और लिखा : "यह बात सही है कि मैं कांग्रेस का आलोचक रहा हूँ; लेकिन मैं विरोध के लिए विरोध में विश्वास नहीं करता। सहयोग की भावना, यदि उससे लाभ होता है, तो अवश्य होनी चाहिए। ...इसलिए, मैंने सहयोग करने का निश्चय किया और उससे हमें कुछ वे सुरक्षाएँ संविधान में प्राप्त हुईं जो अन्यथा नहीं मिल पातीं।" उन्होंने पत्र में आगे लिखा—"किसी लोकप्रिय जनतंत्र में कोई भी सरकार स्थायी नहीं होती और यहाँ तक कि दो महान् पुरुषों, पण्डित नेहरू तथा सरदार पटेल द्वारा स्थापित सरकार भी स्थायी नहीं है। ...यदि आप लोग (दलितवर्ग) संगठित हो जाओ तो उनकी सरकार भी आपके हाथों में आ सकती है।" उनके भाषण का यही तात्पर्य था। फिर भी डॉ. अम्बेडकर ने कहा कि यदि मेरे भाषण से नेहरूजी को अधिक आपत्ति है तो मैं त्यागपत्र दे सकता हूँ। अपने एक और पत्र में, उन्होंने लिखा : "संभवतः आप भलीभांति जानते हों कि राजनीति मेरे लिए कोई खेल नहीं है। यह एक मिशन है। मैंने अपना समस्त जीवन दलितों की सेवा में व्यतीत किया है। मैं आपके प्रति बड़ा आभारी हूँ कि आपने मुझे मंत्रिमंडल में आमंत्रित किया, जिसकी स्वीकृति के साथ कुछ सीमाएँ हैं; लेकिन सीमाएँ कुछ भी हों, मैं अपने लोगों को सलाह देने के उस अधिकार का बलिदान नहीं कर सकता जिसके अंतर्गत मैं उनके लिये उत्तम मार्ग की बात करता हूँ।"

एक और बात जिसने नेहरूजी तथा डॉ. अम्बेडकर के बीच भारी मतभेद उत्पन्न किया, वह 'हिंदू कोडबिल' था। नेहरू के आश्वासन पर डॉ. अम्बेडकर ने 5 फरवरी, 1951 को, कानून मंत्री की हैसियत से हिन्दू कोड बिल संसद में पेश किया था। बिल में उत्तराधिकार, गुजारा, भरण-पोषण, विवाह, तलाक, गोद लेना, अवयस्कता और अभिभावकता के कानून पर हिन्दुत्व की एकता तथा प्रगतिशीलता की दृष्टि से विचार किया गया था। बिल का औचित्य बताते हुए डॉ. अम्बेडकर ने संसद में कहा—"यदि आप हिन्दू व्यवस्था, हिन्दू संस्कृति और हिन्दू समाज की रक्षा करना चाहते हैं तो उनमें जो दोष पैदा हो गए हैं, उनको सुधारने में आपको तनिक भी झिझक नहीं होनी चाहिए। हिन्दू कोडबिल हिन्दू व्यवस्था के केवल उन्हीं अंशों का सुधार चाहता है जो विकृत हो गए हैं। इससे अधिक कुछ नहीं। अतएव आप उसका समर्थन अवश्य करें।" समर्थन के स्थान पर इस बिल को लेकर जनता तथा नेताओं में इतना अधिक प्रचण्ड विवाद तथा विरोध फैल गया कि नेहरूजी को आवेश में आकर यह कहना पड़ा कि यदि यह बिल पास न हुआ तो उनकी सरकार त्याग-पत्र दे देगी। विरोध इतना अधिक था कि नेहरूजी की धमकी का भी कट्टर हिन्दू कांग्रेसियों पर कोई प्रभाव नहीं पड़ा। संसद में दो प्रबल विरोधी पक्ष हो गए। एक ओर कट्टरपंथी तत्व और दूसरी ओर प्रगतिवादी तत्व, जिनमें भीषण वाक्युद्ध हुआ।

इसी बीच डॉ. अम्बेडकर ने 14 अप्रैल, 1951 को दिल्ली में 'अम्बेडकर भवन' का शिलान्यास करते समय केन्द्रीय सरकार की कटु आलोचना की, क्योंकि सरकार दलितों के हितों एवं अधिकारों के प्रति बहुत उदासीन थी। निश्चित ही, यह कांग्रेस सरकार की ही आलोचना थी। चूँकि डॉ. अम्बेडकर निर्भीक वक्ता थे, इसलिए दलितों के हित में जो कुछ भी उन्होंने कहा वह सही था; पर वे भी मंत्री थे अतएव उनके द्वारा

की गई सरकार की कटु आलोचना नीति के विरुद्ध समझी गई और नेहरूजी तथा कांग्रेसियों ने इस पर कड़ी आपत्ति की; पर मामला शान्त हो गया। इसके बाद डॉ. अम्बेडकर ने, बुद्ध जयन्ती के अवसर पर, अपने भाषण में हिन्दूधर्म एवं समाज की आलोचना की और गम्भीर आरोप लगाए। निस्संदेह उनकी आलोचना न्यायोचित थी; पर चूँकि हिन्दू कोडबिल संसद के समक्ष विचाराधीन था, जिसके प्रति वातावरण पहले से ही गरम था, इसलिए उनके द्वारा आलोचना ने उस वातावरण को उनके लिये और प्रतिकूल बना दिया।

ऐसी स्थिति में, डॉ. अम्बेडकर ने हिन्दू कोडबिल को पुनः संसद में 17 सितम्बर 1951 को पेश किया। संसद में सभी कांग्रेसियों को स्वतंत्रता दे दी गई कि वे जो चाहें पक्ष लें। फिर क्या था? कांग्रेसी तथा गैर-कांग्रेसी सदस्यों ने बिल की कटु आलोचना की। कांग्रेसी सदस्यों पर चूँकि कोई दबाव नहीं था, इसलिए बिल पर घंटों तक खुली बहस होती रही। वे नहीं चाहते थे कि बिल पास हो। एक ओर जब डॉ. अम्बेडकर ने, विवाह तथा तलाक के संदर्भ में, राम-सीता की कहानी सुनाई तो संसद के सारे कट्टर हिन्दू सदस्य उनसे नाराज हो गए और दूसरी ओर, भारत के राष्ट्रपति डॉ. राजेन्द्रप्रसाद स्वयं बिल के विरुद्ध थे। इन प्रतिकूल परिस्थितियों में, नेहरूजी ने जवाब दे दिया कि डॉ. राजेन्द्रप्रसाद एक प्रतिक्रियावादी व्यक्ति हैं और चूँकि उनके साथ बहुत से कांग्रेसी सदस्य हैं, इसलिए वे कुछ नहीं कर पाएँगे। नेहरूजी अपना सारा प्रभाव खो बैठे। हताश होकर उन्होंने डॉ. अम्बेडकर से निवेदन किया कि वे बिल को स्थगित कर दें। बाद में, थोड़ा-थोड़ा करके उसकी धाराओं को पास करवा दिया जाएगा। अन्ततोगत्वा, बिल पास हुए बिना रह गया। डॉ. अम्बेडकर को उसकी तैयारी में जो परिश्रम करना पड़ा था, वह व्यर्थ गया। वे कांग्रेसियों की नकारात्मक प्रवृत्ति से बड़े खिन्न हुए।

नेहरूजी के विचित्र रुख एवं व्यवहार को देखकर, डॉ. अम्बेडकर ने 27 सितम्बर, 1951 को विधि-मंत्री के पद से त्यागपत्र दे दिया।

बिल के सम्बन्ध में, डॉ. अम्बेडकर ने कहा—"हिन्दू कोडबिल इस देश में संविधान सभा द्वारा हाथ में लिया गया सबसे महत्वपूर्ण समाज सुधार है। इसी बिल की खातिर, मतभेद होते हुए भी, मैं मंत्रिमण्डल में बना रहा। अतएव यदि मैंने कोई गलती की है तो इस आशा से कि कोई शुभ परिणाम निकले।"

उधर सन् 1952 के आम चुनाव निकट आ गए थे। डॉ. अम्बेडकर ने दिल्ली से बम्बई आकर चुनाव अभियान प्रारम्भ कर दिया। चुनाव के समय शैडयूल्ड कास्ट्स फैडरेशन का समाजवादी पार्टी से गठबन्धन हुआ। डॉ. अम्बेडकर लोकसभा के लिए चुनाव में खड़े हुए। यद्यपि वे फेडरेशन के सर्वेसर्वा थे, पर वे अधिकतर दिल्ली में ही अपने सरकारी काम-काजों में उलझे रहते थे। चुनाव की दृष्टि से, यह उनके लिए अलाभकर सिद्ध हुआ। उन्होंने काफी दौड़-धूप की और अनेक सभाओं में भाषण भी दिए। उनके विरुद्ध कांग्रेस ने अपना उम्मीदवार, एन.एस. कजरोलकर, को खड़ा किया जो डॉ. अम्बेडकर की तुलना में कहीं नहीं ठहरता था; परन्तु आश्चर्यजनक रूप से जनवरी 1952 में वे चुनाव हार गए। उन्होंने चुनाव आयोग से शिकायत भी की पर कांग्रेसी सरकार के समक्ष, जो पुनः डॉ. अम्बेडकर की विरोधी बन गई थी, उनकी एक न चली। भारतीय संविधान के मुख्य निर्माता की इस हार से, सारा राजनीतिक वातावरण विस्मित रह गया।

❑❑❑

धर्म-परिवर्तन

नेहरू मंत्रिमण्डल से त्यागपत्र देने के बाद डॉ. अम्बेडकर ने दलित जाति फेडरेशन के संगठन और सिद्धांत की ओर ध्यान दिया। उनके मन में बौद्ध-धर्म के प्रति जो प्रगाढ़ श्रद्धा थी, उभरकर आ रही थी। वे कई बौद्ध देशों में भी गए।

वर्ष 1949 में उन्होंने 'मार्क्सवाद बनाम बौद्ध धर्म' विषय पर काठमांडू, नेपाल में विश्व बौद्ध सम्मेलन को संबोधित किया था। दिसम्बर 1950 में उन्होंने पुनः श्रीलंका में विश्व बौद्ध सम्मेलन में भाग लिया। जुलाई 1951 में उन्होंने भारतीय बौद्ध जनसंघ का गठन किया। सितम्बर 1951 में उन्होंने 'उपासना पथ' नामक एक बौद्ध उपासना ग्रंथ को संकलित किया। फरवरी 1953 में इन्डो-जापानीज सांस्कृतिक संस्थान के तत्वाधान में बोलते हुए उन्होंने कहा कि अन्ततोगत्वा मैं इस निष्कर्ष पर पहुँचा हूँ कि वर्तमान तथा भावी पीढ़ियों को भगवान् बुद्ध और कार्ल मार्क्स के मार्ग के बीच चुनाव करना होगा। आज पश्चिम की अपेक्षा पूर्व कहीं अधिक महत्त्वपूर्ण हो गया है।

मई 1953 के, एक और भाषण में डॉ. अम्बेडकर ने कहा कि यदि देश का वर्तमान सामाजिक ढाँचा न बदला गया तो राजनीतिक व्यवस्था नष्ट हो जाएगी, और एक विकल्प के रूप में, जनतंत्र सफल नहीं हुआ तो

एक प्रकार के साम्यवाद का यहाँ प्रभुत्व हो जाएगा। वे सामाजिक तथा धार्मिक मामलों में गहरी रुचि ले रहे थे। राजनीतिक क्षेत्र में भी जागृति पैदा कर रहे थे। उन्होंने दलितों को भूमि दिलाने हेतु, महाराष्ट्र सरकार के विरुद्ध नवम्बर 1953 में राज्यव्यापी सत्याग्रह शुरू किया जिसके फलस्वरूप, अछूतों को भूमि प्राप्त हुई।

मार्च 1954 में, डॉ. अम्बेडकर बंबई से दिल्ली गए। यहाँ आकर उन्होंने राज्य-सभा के अधिवेशन में भाग लिया जिसमें उन्होंने नेहरू सरकार की कटु आलोचना की क्योंकि नेहरू की आन्तरिक तथा विदेशी दोनों नीतियों ने देश को संकट में डाल रखा था। मई 1954 में, वे बुद्ध जयन्ती समारोह में भाग लेने रंगून (बर्मा) गए जहाँ से वे भगवान् बुद्ध में अपनी प्रगाढ़ श्रद्धा को और सुदृढ़ बनाकर लौटे। धर्म में रुचि के साथ-साथ, वे राजनीतिक मंच पर भी कार्य कर रहे थे। 1 जुलाई, 1954 को, वे दलित जाति फेडरेशन के अध्यक्ष निर्वाचित हुए और जनवरी 1955 में, फेडरेशन का एक नया विधान प्रकाशित करवाया ताकि सन् 1956 में, होने वाले आम-चुनावों को कुछ ठोस आधारों पर लड़ा जा सके।

बौद्धधर्म की दीक्षा लेते हुए डॉ. भीमराव एवं सविता अम्बेडकर

मई 1955 में उन्होंने भारतीय बौद्ध महासभा की स्थापना की। 14 अक्टूबर, 1956 को डॉ. अम्बेडकर ने, अपनी पत्नी सहित, नागपुर में एक ऐतिहासिक समारोह में बौद्ध धर्म ग्रहण किया। 5 लाख से अधिक लोगों ने इस अवसर पर उनका अनुसरण किया और लाखों लोग बाद में उनके आंदोलन में सम्मिलित हुए। नवम्बर 1956 में उन्होंने एक प्रतिनिधि के रूप में काठमांडू, नेपाल में बौद्धों के विश्व समागम में भाग लिया।

❑❑❑

डॉ. भीमराव अम्बेडकर

शांतिपूर्ण मृत्यु

2 दिसम्बर 1956 को डॉ. अम्बेडकर ने अशोक विहार, दिल्ली में दलाई लामा के स्वागत में, जो बौद्धगया में होने वाली 2500वीं बुद्ध जयन्ती के उपलक्ष में भारत पधारे थे, एक आयोजन में भाग लिया। शाम को वे अपनी कोठी के लॉन में आरामकुर्सी पर बैठे घण्टों अपने भक्तों तथा आगन्तुकों से बातचीत करते रहे। वहीं बैठकर उन्होंने अपना रात्रि का भोजन भी किया। वे लगभग साढ़े दस बजे सो गए। सुबह उठते ही उन्होंने कुछ थकान महसूस की। अपने नौकरों को बुलाया जिन्होंने वहीं लॉन में उनकी कुर्सी डाल दी और वे धूप में आराम की मुद्रा में बैठे रहे।

उसी दिन काफी रात गए, डॉ. अम्बेडकर एक हाथ रत्तू (उनका सेवक) के कन्धे पर रखकर अपने माली को देखने गए, जो तीन दिन से बुखार में था। वह वहीं कोठी के आउट-हाउस में रहता था। उस वृद्ध माली को बुखार था और कफ आता था। डॉ. अम्बेडकर को आया देख माली की निर्धन पत्नी उसकी चारपाई के पास खड़ी हो गई। बेचारा माली बड़ा भयभीत था कि कहीं उसकी नौकरी न छूट जाए और यदि वह मर गया तो उसकी वृद्ध विधवा पत्नी का क्या होगा? वह सड़कों पर भटकती रहेगी। अपने बिस्तर पर पड़े-पड़े, उसने डॉ. अम्बेडकर को थोड़ा-सा मुस्कराकर नमस्कार किया। फिर वह फूट-फूटकर रोने लगा।

वह डॉ. अम्बेडकर की दया एवं सहानुभूति से बड़ा कृतज्ञ हुआ। उसने रोना बन्द करके दो क्षण साँस ली और बोला—"भगवान् स्वयं मेरे

घर दर्शन देने आए हैं; लेकिन श्रीमन्। मेरे जीवन का कोई भरोसा नहीं, न मालूम मेरे बाद मेरी पत्नी का क्या होगा?" वह फिर आँखों में आँसू भर लाया और रोने लगा।

डॉ. अम्बेडकर अपने सभी नौकर-चाकरों के साथ अच्छा व्यवहार करते थे और उन्हें हृदय से प्रेम करते थे। वृद्ध माली को ढांढस बँधाते हुए, उन्होंने कहा—"रोना बन्द करो। प्रत्येक व्यक्ति को कभी न कभी मरना है। मैं भी किसी दिन मरूँगा। जरा धैर्य से काम लो। उन दवाइयों को ले लेना जो मैं अभी भेज रहा हूँ और तुम बिल्कुल ठीक हो जाओगे।"

फिर उन्होंने रत्तू से कहा—"देखो। बेचारा गरीब मृत्यु से भयभीत है... किसी भी क्षण उसका आगमन हो सकता है...।"

क्या पता था कि मौत उन्हीं की बात सुन रही थी? इसके केवल चार दिन बाद ही 6 दिसम्बर, 1956 को वे अपने दिल्ली के निवास स्थान पर निद्रामग्न अवस्था में ही चिरनिद्रा में लीन हो गए।

उनका अंतिम संस्कार बम्बई की दादर चौपाटी पर 7 दिसम्बर, 1956 को बौद्ध रीति के अनुसार किया गया। इस स्थान को 'चैत्य भूमि' के नाम से जाना जाता है। उनकी अंतिम यात्रा में लाखों लोगों ने भाग लिया और उन्हें अश्रुपूर्ण श्रद्धांजलि अर्पित की। आज भी प्रतिवर्ष उनके जन्मदिवस, निर्वाण दिवस व धम्म-चक्र प्रवर्तन दिवस पर वहाँ हजारों की संख्या में लोग एकत्र होकर उन्हें श्रृद्धांजलि देते हैं।

भारत-भर में अनेकों संस्थानों, मार्गों व उद्यानों के नाम उनके नाम पर रखे गए हैं। सन् 1990 में उन्हें भारत का सर्वोच्च नागरिक सम्मान 'भारत-रत्न' (मरणोपरांत) प्रदान किया गया। उनके दिल्ली के निवास स्थान 26, अलीपुर रोड पर उनका एक स्मारक भी बनाया गया है।

❑ ❑ ❑

डॉ. भीमराव अम्बेडकर

भाषणों के अंश

संविधान-प्रारूप के तीसरे वाचन के समय डॉ. अम्बेडकर ने 5 नवम्बर, 1948 को सभा में कहा–"संविधान-सभा में मैं क्यों आया? केवल दलित वर्गों के हितों की रक्षा करने के लिए। इससे अधिक और मेरी कोई आकांक्षा नहीं थी। यहाँ आने पर मुझे इतनी बड़ी जिम्मेदारी सौंपी जाएगी इसकी मुझे कोई कल्पना तक नहीं थी। संविधान-सभा ने जब मुझे प्रारूप समिति में नियुक्त किया, तब मुझे आश्चर्य हुआ; परन्तु जब प्रारूप-समिति ने मुझे अपना अध्यक्ष चुना, तो मुझे आश्चर्य का धक्का-सा लगा। संविधान सभा और प्रारूप समिति ने मुझ पर इतना विश्वास करके मुझसे यह काम सम्पन्न करवाया, उसके लिए मैं उनके प्रति कृतज्ञता प्रकट करता हूँ।" उन्होंने आगे कहा, "संविधान कितना भी अच्छा हो, यदि उसको व्यवहार में लानेवाले लोग अच्छे न हों, तो संविधान निश्चित ही बुरा साबित होगा। अच्छे लोगों के हाथों में बुरा संविधान भी अच्छा साबित होने सम्भावना बनी रहती है। भारत के लोग भविष्य में कैसा व्यवहार करेंगे, यह कौन जान सकता है?"

उन्होंने बड़े ही मर्मस्पर्शी शब्दों में कहा :

"मुझे इस बात की बड़ी चिंता है कि भारत ने पहले अपनी स्वतंत्रता यूँ ही नहीं खोई, बल्कि वह अपने ही लोगों के विश्वासघात और धूर्तता द्वारा खोई गई थी। देश एक समय स्वतंत्र था; परन्तु जो देश एक बार अपनी स्वतंत्रता खो बैठा, दूसरी बार भी खो सकता है। ...क्या इतिहास

अपने-आपको दोहराएगा? इस बात से मेरा मन चिंताग्रस्त है। जातियों और पंथों के रूप में अपने पुराने शत्रुओं के अलावा हमारे देश में अनेक दल हैं जो विरोधी विचारों तथा मार्गों का पोषण करते हैं। इसलिए संकुचित पंथ या पक्ष को प्रधानता दी गई तो देश फिर एक बार मुसीबतों में फँस जाएगा। अतः हमें दृढ़तापूर्वक अपनी स्वतंत्रता की रक्षा रक्त की अन्तिम बूँद तक करनी चाहिए।"

"यदि हम लोकतन्त्र की स्थापना करना चाहते हैं, तो हमें अपने सामाजिक एवं आर्थिक लक्ष्य की प्राप्ति संवैधानिक ढंग से करनी चाहिए, अन्य हिंसात्मक तरीकों से नहीं। इस देश की राजनीति में जितनी भक्ति और नायक-पूजा है, उतनी अन्य किसी देश में नहीं है। धर्म में भक्ति-मार्ग आत्मा की मुक्ति का मार्ग हो सकता है; परन्तु राजनीति में भक्ति तथा नायक-पूजा अधोगति का, और अन्त में, अधिनायकत्व का मार्ग है, इसमें कोई सन्देह नहीं है।"

"स्वतंत्रता, समानता तथा भ्रातृभाव के आधार पर अधिष्ठित सामाजिक जीवन ही लोकतंत्र कहलाता है। समानता के बिना, स्वतन्त्रता का अर्थ बहुसंख्यकों के द्वारा अल्पसंख्यकों पर प्रभुत्व का होना है। 26 जनवरी 1950 को, हमें राजनीति में समानता मिलेगी; पर सामाजिक तथा आर्थिक जीवन में असमानता रहेगी। भारतीय समाज में समानता का अभाव है। हमें इस विषमता का शीघ्रता से अन्त करना चाहिए अन्यथा विषमता से बुरी तरह पीड़ित लोग, इस संविधान-सभा द्वारा बड़े परिश्रम से खड़े किए गए लोकतन्त्र के महल को मिट्टी में मिला देंगे।"

अन्त में, डॉ. अम्बेडकर ने सभी भारतीयों से अपील की कि वे सामाजिक तथा मनोवैज्ञानिक अर्थ में एक राष्ट्र बनें और जातियों का निषेध करें जिनके कारण हम अवनति की स्थिति में आ गए हैं। परस्पर

डॉ. भीमराव अम्बेडकर की स्मृति में जारी प्रमुख डाक टिकट

जातिगत भेदभावों को भुलाकर हमें संगठित रहना चाहिए। जिस संविधान में हमने "जनता के लिए, जनता का और जनता द्वारा राज्य-तत्व अन्तर्भूत किया है, वह संविधान दीर्घकाल तक बना रहे, ऐसा यदि हम सब चाहते हैं तो हमें देश के समक्ष संकटों को समझने में और उनका निराकरण करने में विलम्ब नहीं करना चाहिए। सभी नागरिकों को देश की सेवा करने का यही मार्ग अपनाना चाहिए।"

◼ ◼ ◼

डॉ. भीमराव अम्बेडकर

अनमोल वचन

- हम सर्वप्रथम और अंततः, भारतीय हैं।
- जीवन लम्बा होने की बजाय महान होना चाहिए।
- मन का विकास मानव अस्तित्व का परम लक्ष्य होना चाहिए।
- मैं ऐसे धर्म को मानता हूँ जो स्वतंत्रता, समानता और भाईचारा सिखाता है।
- मैं एक समुदाय की प्रगति की माप महिलाओं द्वारा हासिल प्रगति से करता हूँ।
- समानता एक कल्पना हो सकती है, लेकिन फिर भी इसे एक नियामक सिद्धांत के रूप में स्वीकार करना होगा।
- एक महान व्यक्ति एक प्रतिष्ठित व्यक्ति से अलग है क्योंकि वह समाज का सेवक बनने के लिए तैयार रहता है।
- जब तक आप सामाजिक स्वतंत्रता नहीं हासिल कर लेते, कानून आपको जो भी स्वतंत्रता देता है वो आपके किसी काम की नहीं।
- मनुष्य नश्वर है। उसी तरह विचार भी नश्वर हैं। एक विचार को प्रचार-प्रसार की जरूरत है जैसे एक पौधे में पानी की जरूरत होती है। अन्यथा दोनों मुरझा जायेंगे और मर जायेंगे।
- राजनीतिक अत्याचार, सामाजिक अत्याचार की तुलना में कुछ भी नहीं है और एक सुधारक जो समाज को त्याग देता है वो सरकार को त्याग देने वाले राजनीतिज्ञ से ज्यादा साहसी है।
- इतिहास बताता है कि जहाँ नैतिकता और अर्थशास्त्र में संघर्ष होता है वहाँ जीत हमेशा अर्थशास्त्र की होती है। निहित स्वार्थों को स्वेच्छा से कभी नहीं छोड़ा गया है जब तक कि पर्याप्त बल लगाकर मजबूर ना किया गया हो।

- सागर में मिलकर अपनी पहचान खो देने वाली पानी की एक बूँद के विपरीत, इंसान जिस समाज में रहता है वहाँ अपनी पहचान नहीं खोता। इंसान का जीवन स्वतंत्र है। वह सिर्फ समाज के विकास के लिए नहीं पैदा हुआ है, बल्कि स्वयं के विकास के लिए भी पैदा हुआ है।

- प्रत्येक व्यक्ति का मूल्यांकन उसके गुण, न कि जन्म, के आधार पर होना चाहिए।

- स्वतन्त्रता एवं मानवाधिकार किसी को उपहार के रूप में नहीं मिलते; उसके लिए संघर्ष किया जाता है।

- अपनी दासता स्वयं मिटानी है। शिक्षा, संगठन एवं संघर्ष इसके लिए, मूल-मन्त्र हैं।

- धर्म सदाचार है जिसका अर्थ है जीवन के सभी क्षेत्रों में मानव-मानव के बीच शुभ सम्बन्ध।

- मेरा आदर्श समाज वह होगा जो स्वतन्त्रता, समता तथा भ्रातृभाव पर आधारित हो।

- प्रजातन्त्र केवल सरकार का रूप नहीं है। यह मुख्यत: एक संगठित रूप से रहन-सहन का ढंग है। यह अनिवार्यत: अपने साथ रहने वाले मनुष्यों के प्रति मान-सम्मान करने का एक ढंग है।

- हमारा महान कर्त्तव्य है कि हम प्रजातन्त्र को जीवन-सम्बन्धों के मुख्य सिद्धान्त के रूप में समाप्त होता हुआ न देखें। हम प्रजातन्त्र में विश्वास करते हैं तो हमें इसके प्रति सच्चा एवं वफादार होना चाहिए।

- यदि हम लोग अपनी एक सामान्य संस्कृति को सुरक्षित रखना चाहते हैं तो हम सब लोगों का कर्त्तव्य है कि हिन्दी को अपने राष्ट्र की एक राजभाषा मानें।

- मुझे साहित्यकारों से अपनी सारी शक्ति लगाकर कहना है कि ...अपनी लेखनी का प्रकाश अपने आँगन में ही न रोक लें, उसका तेज गाँव-गाँव के गहन अन्धकार को दूर करने के लिए फैलने दें।

❑ ❑ ❑

डॉ. भीमराव अम्बेडकर

जीवन एवं कार्य—एक नजर में

- **1891 :** 14 अप्रैल को जन्म।
- **1896 :** माता, भीमाबाई की मृत्यु।
- **1905 :** रमाबाई से विवाह।
- **1907 :** मैट्रिक की परीक्षा उत्तीर्ण।
- **1912 :** बी.ए. की परीक्षा उत्तीर्ण।
- **1913 :** 2 फरवरी को पिता की मृत्यु।
- **1913 :** एम.ए. में प्रवेश के लिए कोलम्बिया विश्वविद्यालय गए।
- **1915 :** एम.ए. की परीक्षा उत्तीर्ण।
- **1916 :** पी.एच.डी शोधपत्र प्रस्तुत किया।
- **1917 :** महाराजा गायकवाड के सैन्य-सचिव नियुक्त।
- **1918 :** 11 नवम्बर को स्येडेनहम कॉलेज, बम्बई में व्याख्याता नियुक्त।
- **1920 :** विधिवेत्ता की उपाधि से सम्मानित।
- **1921 :** अर्थशास्त्र से एम.एससी. की परीक्षा उत्तीर्ण।
- **1923 :** अर्थशास्त्र से डी.एससी. की परीक्षा उत्तीर्ण।
- **1923 :** विधि का अभ्यास प्रारम्भ किया।
- **1924 :** बहिष्कृत हितकारिणी सभा की स्थापना।
- **1927 :** विधान परिषद, बम्बई के लिए मनोनीत।
- **1927 :** 19-20 मार्च, महाड सभा।
- **1927 :** 20 मार्च, चावदार तालाब प्रकरण।
- **1928 :** सरकारी लॉ कॉलेज में व्याख्याता नियुक्त।

- **1930** : लंदन में प्रथम गोलमेज सम्मेलन में भाग लिया।
- **1931** : लंदन में द्वितीय गोलमेज सम्मेलन में भाग लिया।
- **1932** : 24 सितम्बर, पूना समझौता।
- **1935** : 27 मई, रामाबाई की मृत्यु।
- **1935** : गर्वन्मेंट लॉ कॉलेज के प्रधानाध्यापक नियुक्त।
- **1935** : 13 अक्टूबर, नासिक सम्मेलन।
- **1936** : स्वतंत्र लेबर पार्टी का गठन।
- **1937** : चावदार तालाब केस जीते।
- **1942** : कार्यकारी परिषद के लिए लेबर सदस्य के रूप में नियुक्त।
- **1946** : बंगाल से संविधान सभा के लिए मनोनीत।
- **1947** : 29 अगस्त, प्रारूप समिति के अध्यक्ष निर्वाचित।
- **1948** : फरवरी, संविधान का प्रारूप प्रस्तुत किया।
- **1948** : 15 अप्रैल, डॉ. शारदा कबीर से विवाह किया।
- **1948** : अक्टूबर, हिंदू कोड बिल प्रस्तुत किया।
- **1948** : 16 नवम्बर, सरकार के समक्ष भारत का संविधान प्रस्तुत किया।
- **1949** : 26 नवम्बर, संविधान का प्रारूप स्वीकृत हुआ।
- **1950** : 26 जनवरी, संविधान पूर्णतः लागू किया गया।
- **1951** : सरकार से त्याग-पत्र दिया।
- **1952** : स्वतंत्र चुनाव लड़े।
- **1952** : मार्च, राज्यसभा सदस्य बने।
- **1956** : 14 अक्टूबर, बौद्ध धर्म अपनाया।
- **1956** : 6 दिसम्बर, शांतिपूर्ण मृत्यु।
- **1990** : भारत रत्न से सम्मानित हुए (मृत्योपरांत)।

❑❑❑

www.ingramcontent.com/pod-product-compliance
Lightning Source LLC
LaVergne TN
LVHW051203080426
835508LV00021B/2786
* 9 7 8 9 3 5 0 1 2 2 6 8 6 *